罗素

Bertrand
Russell

罗素

Bertrand Russell

皮波人物国际名人研究中心　编著

国际文化出版公司

·北京·

图书在版编目（CIP）数据

罗素 / 皮波人物国际名人研究中心编著. —北京：国际文化
出版公司，2013.12
　　（名人传记丛书）
　　ISBN 978-7-5125-0602-2

　　Ⅰ.①罗… Ⅱ.①皮… Ⅲ.①罗素，B.（1872～1970）—传
记 Ⅳ.①B561.54

中国版本图书馆CIP数据核字（2013）第262317号

名人传记丛书·罗素

作　　者	皮波人物国际名人研究中心 编著
责任编辑	郑湫璐
统筹监制	葛宏峰　刘　毅　刘露芳
策划编辑	徐　峰
美术编辑	丁鍺煜
出版发行	国际文化出版公司
经　　销	国文润华文化传媒（北京）有限责任公司
印　　刷	三河市嵩川印刷有限公司
开　　本	700毫米×1000毫米　　16开
	8印张　　　　　　78千字
版　　次	2013年12月第1版
	2020年9月第2次印刷
书　　号	ISBN 978-7-5125-0602-2
定　　价	20.00元

国际文化出版公司
北京朝阳区东土城路乙9号　　邮编：100013
总编室：（010）64271551　　传真：（010）64271578
销售热线：（010）64271187
传真：（010）64271187-800
E-mail：icpc@95777.sina.net
http://www.sinoread.com

目录

目录

目录

目录

显赫家世与童年

贵族之后

　　1872 年 5 月 18 日，伯特兰·罗素出生于英国南威尔士的罗摩兹郡。他的家世极为显赫，他的曾祖父是一位公爵，他的祖父是约翰·罗素勋爵，曾在维多利亚时代两度出任英国首相。伯特兰·罗素童年时居住的潘布洛克府邸就是英国女王所赠。

　　伯特兰的父亲安伯雷子爵，原来是英国国会的议员。伯特兰的母亲叫凯蒂·斯坦莱，她机智、庄重、有创造才能，并且精力充沛，是女权运动的支持者。这个家庭在伯特兰出生之前已经有了两个孩子：长子弗兰克，生于 1865 年，他继承了罗素家的爵位；长女瑞琪，生于 1868 年。伯特兰·罗素是最小的男孩。

叼着烟斗的伯特兰·罗素

　　伯特兰刚出生时，他的母亲说："这孩子很像他哥哥弗兰克，大家都说他的两只眼睛离得太远，下巴有点短。医生说他具有寻常孩子所没有的强壮肌肉。如果我喂奶稍晚一点，他就会大哭大叫……"

伯特兰的父亲安伯雷子爵主张节育，当时，整个国家的大环境是反对节育的，所以安伯雷的政治前途毁于一旦。无奈之下，他只好将全家从伦敦搬到乡下，转而致力于"宗教信仰分析"。1870 年，安伯雷夫妇看中了乡下一座幽静的宅子，他们立刻买下了它。两年后，伯特兰就降生于这里。很多年后，伯特兰对他的父亲有过如下一段描述：

> 我父亲是个自由思想者，他曾写过一本巨著，直到他去世后才得以出版，书名叫《宗教信仰的分析》。父亲拥有一间很大的图书室，里面藏有很多宗教方面的书籍。为了写这本书，他在乡间住了很长一段时间。不过，父亲和母亲结婚初期时，每年都要到伦敦消磨好几个月……

安伯雷曾为弗兰克两兄弟请了一位家庭教师斯柏廷，是个无神论者。在欧洲的宗教环境下，指定一位无神论者作为孩子的家庭教师很需要勇气，也是不太常见的事。安伯雷是一位有力的自由思想家，他还曾指定两个无神论者作为孩子们的监护人，这位家庭教师就是其中之一，他不希望自己的孩子成为宗教教育下的牺牲品。可惜后来，安伯雷夫妇相继去世之后，弗兰克和伯特兰在法律的判决下，由祖父母抚养成人。宗教教育最后还是降临到了这两个孩子头上。

伯特兰出生的第三年，不幸接踵而至。先是哥哥弗兰克染上了白喉症，伯兰特和瑞琪为避免被传染，曾到祖父家住过一段时间。这年6月，瑞琪也生病了。不久后，瑞琪和母亲凯蒂相继因病去世。可怜的伯特兰小小年纪就要遭受这样惨痛的生死诀别。

一年后，也就是1876年1月，伯特兰四岁那一年，他的父亲安伯雷去世了。

伯特兰成了孤儿。他在婴儿时期有过一段快乐时光，只可惜那时候他还太小，不可能记得。后来伯特兰在他的自传中写道："我生下来就是不快乐的！"其孤寂哀伤的心情可见一斑。

安伯雷曾为孩子们指定了两位无神论者为监护人，一位是他们的家庭教师斯柏廷，另一位就是伯特兰的教父柯登·桑德森。伯特兰的祖父母知道这件事后，他们决定无论如何也不能让自己的孙子落在异教徒手中，他们要"拯救"这两个无辜的孩子。

在维多利亚时代，无神论思想不被见容于世，抱有这种思想的人更被认为是异教徒、大逆不道者。斯柏廷，他只是罗素家雇用的家庭教师，在那个时代，家庭教师和仆役、保姆等同被视为下人，谈不上什么社会地位。伯特兰的祖父约翰勋爵不可能容忍自己的孙子在这样的教育环境下成长，不久后，他便把两个孩子接到了自己身边。

童年

　　1876 年，4 岁的伯特兰与哥哥住进了他祖父母的家——潘布洛克府邸。他在这里度过了他的童年时期，直到 18 岁进入剑桥大学为止，一共在这里住了 14 年。

　　潘布洛克府邸是一座两层楼的白色建筑，建在皇家花园矮丛林的斜坡上，地平线那端是温莎古堡，南面是泰晤士河河谷。多年前，女王将这栋宅子送给了约翰勋爵。潘布洛克府邸附近还有一片土地。春天，斜坡上开满了各种颜色的野花，树林里有很多橡树、栗树，许多在别处不常见的鸟在这里也能看到，自然景色十分优美。可惜，约翰勋爵夫妇年事已高，家中又人手不足，这片美丽的土地后来也就无人整理，任其荒芜了。

　　约翰爵士这时候已 83 岁高龄，他经常坐在轮椅上被人推着在花园里闲逛。一切家务都由一位独身未嫁的姑妈艾嘉莎主持。

　　艾嘉莎姑妈是潘布洛克府邸中年纪最轻的一个长辈，比伯特兰大19岁，她曾跟一位牧师定过婚，后来对方受不了她那些疯狂的谬见，解除了婚约，之后，她便终身未嫁。伯特兰对她的印象是：平时总是披着一条白色围巾，为了节省燃煤，总是穿一双厚厚的羊毛袜。她喜欢主观且极端地品评别人，总是认为那些人不是好到极点，就是坏到极点，其实这不过是她自己的想象。

伯特兰刚到潘布洛克府邸时，艾嘉莎姑妈很热心地尝试用各种方式来教育他，可惜好像都没有成功，这使她很气馁。伯特兰六七岁时，她曾教他英国立宪史，这倒是他感兴趣的东西。在伯特兰保存的一本小册子里，曾记录了当时艾嘉莎姑妈口述的一些知识。

另外对伯特兰有着比较深远影响的是他的祖母。在他不满7岁时，他的祖父约翰勋爵就去世了，比祖父小23岁的祖母约翰·罗素夫人成了伯特兰幼年时代最重要的人。她是苏格兰长老会的教友，外表非常严肃而富有清教徒气息，对孩子们的道德要求非常严格。她精通法语、德语和意大利语，也熟知莎士比亚、弥尔顿等英国的著名诗人，她还懂得许多天文学和历史学方面的知识。约翰·罗素夫人比她丈夫激进，主张宗教自由主义，她曾因支持爱尔兰地方自治法案、反对英国帝国主义战争，而使保守派大为震惊。这件事让幼小的伯特兰有了这样的观念：为了更多人的福祉，有时候反抗是合理的。

　　祖母的宗教教育使得伯特兰和弗兰克也受到了影响，他们的生活方式日渐印上了祖母的模式。例如，摒弃舒适和享受、清晨洗冷水浴、以传统的苏格兰粥当早餐、准时练习钢琴、举行家庭祷告等。这种严格得像是军事管理的生活方式在当代人看来有些难以接受，但在 19 世纪的英国，凡是上层社会的家庭，都以这样的生活方式作为共同的标准。

　　伯特兰和哥哥弗兰克就在这种融合着清教徒主义和进步的自由主义，融合着骨肉亲情和严格生活规律的环境中被教养长大。伯特兰后来回忆说："我就像其他接受传统清教徒教育的人一样，也养成了一种习惯——不时省察自己的罪恶和愚行。"

　　伯特兰大部分的童年岁月都是独自在花园里消磨。哥哥弗兰克比他大七岁，除了假日以外都待在学校里，所以伯特兰没有什么真正意义上的同龄玩伴。可能也就是因为这样，伯特兰养成了沉默寡言而略带羞怯的性格，再加上祖父家这种基于贵族传统的训练，使得他认为不应该随便表露自己内心的情感。久而久之，他变得冷淡、对人疏离，不善于表达个人情感。后来，祖母想尽办法为他找了一个同龄的玩伴，他们一起玩耍、滑冰、找鸟巢。孤独而害羞的伯特兰终于有了一个正常男孩应该拥有的童年。

　　在潘布洛克府邸居住的头几年，伯特兰和佣仆们接触的机会比和亲属们接触的机会还要多。祖父家有一位女管家叫柯克思太太，她为人正直、严肃，精力充沛，忠心耿耿，另有一位男管家叫麦卡彬，非常风趣，他经常把伯特兰抱在膝上，给他讲一些外面发生的事。府邸里还有一位女厨师，是法国人，大家都很怕她，顽皮的伯特兰经常到厨房里偷吃的，一旦被她发现，她就会拿着餐刀拼命追赶，但伯特兰总能顺利地逃脱，气得她大声喊叫。园丁叫麦克洛比，在潘布洛克府邸待的时间不长，所以伯特兰对他几乎没有什么印象。门房是辛克顿夫妇，他们经常私下里给伯特兰一些烘苹果和啤酒，这两样东西在这个家庭是绝对禁止的，因此伯特兰格外喜欢他们。

伯特兰初到潘布洛克府邸时，他的保姆是位德国姑娘，叫海西尔，她不久就离开了潘布洛克府邸。接替她的是维娜，也是德国人。她第一次给伯特兰洗澡时，他非常不配合，维娜急得没有办法，只好叫别人来帮忙。不过这之后，小罗素很快就喜欢上维娜了。她不仅是伯特兰的保姆，也会教他一些简单的德文和数学。

伯特兰在潘布洛克府邸的饮食受到各种限制，比如前面说的烘苹果和啤酒就是被禁止的两种食物。那些限制比当代人为了健康而采取的限制措施还要严厉。有位住在附近的夫人，她很喜欢伯特兰，经常给他大盒的巧克力，但他只能在星期天吃一颗。伯特兰很喜欢把面包弄碎放到肉汁里，但他只能私下里这样做，在餐厅里若被祖母看见是会挨骂的。通常在晚餐前，伯特兰都要先睡一觉，其实很多时候他并不是真的困倦，他是想错过在餐厅吃晚饭的时间，这样就可以自己在卧室里吃晚饭了。

伯特兰 6 岁时，祖父带他到布里斯托尔旅游，他们乘火车走了很长一段路，伯特兰认为已经走得很远了，于是脱口问道："现在我们到哪个国家了？"车上的人善意地笑起来，祖父慈祥地告诉他："没有过海是出不了英格兰的。"

在布里斯托尔，祖父带他拜访了一位非常受人尊敬的犹太老人，这是伯特兰在《圣经》以外的地方首次感觉到犹太人的存在。

伯特兰满 5 岁时被送进了幼儿园，他在那里学习了一年半。教他的女老师受过正式的德国教育训练，他所接受的教育在当时算是最新式的了。

伯特兰对周围的事物有着极强的好奇心，也乐于通过自己的实践活动去认识事物。对于大人们告诉他的事，他总是会心存怀疑。曾经有人告诉他说地球是一个圆形的球体，伯特兰不相信。他自己偷偷在花园里挖洞，想看看能不能通到地球的另一面。

兴趣多样的孩子

实际上，伯特兰的童年时期还是相当幸福的。他后来回忆自己童年时的心理变化，发现自己在现代儿童心理学上所谓的"隐伏期"时，确实有极为明显的改变。例如，喜欢说俚语、佯装冷漠等。因为家里严格的教育形式，总是对他的行为进行限制，他养成了隐瞒的习惯，直到21岁时这种习惯也没有发生改变。长大后他依然认为凡事都应该保守秘密不让别人知道，只要有人进入他的房间，他就会把自己正在读的书本藏起来。

童年生活可以影响一个人的一生，伯特兰就是这方面的一个例证。在他后来关于宗教、道德、教育等方面的著述中，有一部分表达了他对清教徒教育方式的不满。

进入青少年时代的伯特兰，在知识的学习上又向前迈出了一步。1883年，伯特兰11岁，他的哥哥弗兰克开始教他数学。伯特兰很聪明，学得很快，弗兰克在日记上有这样一段记载：

　　这天下午我第一次教他几何学，他学习很用心，
进步很快，我们几乎学完了定义的一半。

　　伯特兰学习数学在概念方面没什么困难，问题在于那些
"公理"。伯特兰刚开始学几何时，就发现这些"公理"都是
无法证明的。弗兰克说公理就是真理，不需要任何证明。这
使得颇具怀疑精神的伯特兰感到有些困惑。弗兰克断然地说：
"如果你不接受这些公理，你就无法继续学下去。"

　　伯特兰只好暂时屈服，不过，他对数学基础正确性的怀
疑始终贯穿他的一生，直到他完成自己的数学著作——《数
学原理》为止。

　　伯特兰对数学的兴趣日益浓厚，他说："一部分原因可
能是数学本身的确定性能够让人静下心来；另一部分原因就
是我发现自己有某种才能时，感到十分愉悦。更为重要的是，
我相信数学定理也是可以计算出来的，只要有足够的技巧。
我不是一个唯物论者，因为我觉得唯物论把人的智力想得
过于简单了。我相信造物主的存在，他的观点是人类无法
改变的。"

　　伯特兰还对文学很感兴趣。他广泛地阅读诗歌，到
十六七岁时，已经将弥尔顿的诗都读完了，此外还有拜伦、
莎士比亚等人的作品，伯特兰一直比较喜欢的诗人是雪莱。

　　除了读诗之外，伯特兰还对宗教、哲学很感兴趣。祖

父母都是教徒，所以伯特兰每个星期都要去教堂做礼拜。这样的生活一直持续到他 15 岁。在这期间，伯特兰开始对那些为配合基督教信仰而规定的所谓合理规矩，做过系统的研究。

伯特兰的阅读范围日益广泛，他后来还曾自修意大利文，以便阅读但丁的作品。他还读过康德的著作，不过并没有引起太大兴趣。他还涉猎了很多政治学作品和神学方面的作品，《格列佛游记》等文学作品，他也读了不少。

1883 年，伯特兰的一位叔叔在伦敦西面的山区买了一栋房子，那里一直是著名的休假胜地。伯特兰几乎每年都要到叔叔家住三个月。在这里，伯特兰结识了当时杰出的科学家丁德尔。伯特兰十分仰慕这位科学家，他早年有过想当物理学家的志向，应该就是受了丁德尔的影响。虽然后来伯特兰发现自己不适合做物理学家，不过，他的哲学研究中还是多多少少能看到丁德尔科学研究方法的影子。

剑桥生涯

补习班

　　伯特兰一天天长大，祖母决定送他到剑桥大学读书。不过在那之前，他得先把拉丁文和希腊文学好，同时，还要设法获得一份奖学金。这倒不是基于经济理由，而是祖母想看看他和别的孩子竞争时的表现。

　　1888 年，16 岁的伯特兰被送到一个补习班，那里是专门为英国陆军培养未来军官而设的，学员毕业后除了极少数出任神职外，绝大多数是准备进入皇家陆军的。

　　伯特兰之所以被送到这里，是因为他祖母不喜欢一般的公立学校。伯特兰要在这里打好基础，以便通过剑桥大学三一学院的奖学金考试。

　　补习班的学生都比伯特兰年纪大，那些年长的同学看伯特兰年纪小，终日沉默寡言，很少跟他们打交道，就认为他骄傲，看不起他们，所以常常在言语上讽刺他、欺侮他。伯特兰没有办法和他们对抗，后来他发现一个既能自卫又不引起他们注意的办法，那就是尽量保持愉悦自若的态度，不介意周遭的一切。不久之后，他们就觉得欺侮伯特兰没什么乐趣可言，就不再注意伯特兰了。

虽然伯特兰尽量表现得对他们的行为不屑，可是他心里还是闷闷不乐。他经常踟蹰在通往补习班的小路上，独自看落日，他甚至有过自杀的念头。好在那只是一个念头而已，并没有付诸行动。

伯特兰在补习班里结交了一位朋友，他叫爱德华·费兹杰拉，他父亲是加拿大人，母亲是美国人。费兹杰拉家很富有，他有个姐姐会写诗，和罗伯特·白朗宁是挚友。白朗宁和罗素家是旧识，曾去潘布洛克府邸做过客。伯特兰和费兹杰拉交往时，伯特兰家里的人就曾多方调查过费兹杰拉的家世，经过白朗宁的保证，他们才放心让伯特兰和费兹杰拉交朋友。

费兹杰拉是在美国长大的，非常聪明、多才多艺。他的数学非常出色，在文学方面的知识也很广博。他一进入补习班，伯特兰就看出他是个极有教养的人，和别的同学迥然不同，所以立刻对他表示了友好。之后，每逢周末他们总是同进同出，有时候一起去看戏，伯特兰还经常邀请费兹杰拉到他家里用餐。

最令伯特兰兴奋的是，1889 年 8 月，费兹杰拉的家人邀请伯特兰一起去旅游。这使得伯特兰有机会到巴黎参观这一年举行的世界博览会，他还登上了埃菲尔铁塔，并顺道游览了风景如画的瑞士，还攀登了阿尔卑斯山。虽然攀登阿尔卑斯山曾经遇到过大风雪，也使他患了高山症，但惊险刺激的场面，令他久久难以忘怀。

不过，在旅游期间，有件事使他们的友谊出现了裂痕。有一次，伯特兰看到费兹杰拉以粗暴的态度对待他的母亲，就率直地提出了批评，不料引起了费兹杰拉的反感，他对伯特兰的态度冷淡了下来。

回到补习班后，两人仍然住在同一间宿舍，但情感上越来越生疏。费兹杰拉经常说一些难听的话来刺激伯特兰，伯特兰心中很愤恨。有一次他怒不可遏地扼住费兹杰拉的领子，看到他的脸由红变青变黑，觉得于心不忍就放开了手。直到后来，两人进入剑桥就读，才又重归于好。不过第二学年结束时，费兹杰拉结婚了，婚后没有再回学校，所以两人的友谊也就从此告一段落。

剑桥三一学院

1889 年，伯特兰终于用一年的时间修完了一般人必须花更多时间才能完成的科目。当年 12 月，他参加了三一学院的奖学金考试，顺利通过并获得了一份奖学金。第二年，伯特兰正式进入剑桥大学三一学院就读。

伯特兰的父亲曾就读于剑桥大学，他的哥哥弗兰克是在牛津读的大学。伯特兰进入剑桥前后的几十年中，这座学术界的大观园里，可谓盛况一时、人才辈出，怀特海、摩尔、爱丁顿、约翰逊、凯恩斯等均毕业于这所学校。

1890 年 10 月，伯特兰正式开始了他的大学生活。他首先接触到的就是怀特海先生。

怀特海是三一学院的监试教授，比伯特兰早十年进入剑桥，他在审查奖学金时，对伯特兰的考卷非常赏识。据说，当时另一个学生的分数比伯特兰高，但怀特海却在考试委员会上优先推荐了伯特兰。伯特兰毕业时，怀特海旧事重提，他说："你的毕业成绩比他好，由此可见，我当初的做法没有错。"

对怀特海和伯特兰来说，剑桥大学的教育简直就是柏拉图教育理想的现实版。他们把一半的时间用来研究数学，另一半时间则与同学们自由讨论，这种谈话，依照怀特海的说法，堪比柏拉图那包罗万象的《对话录》。不过，他们的谈话内容对外并不公开。他们这个小团体被称为"学社"，也有人叫他们"使徒"。他们多半在周六晚上聚集在房间里，谈到深夜，第二天早餐时，再继续畅谈。他们整天徜徉在环境幽静的校园里，直到太阳西沉才依依不舍地分手。

在这种倾谈胸中抱负的场合里，伯特兰不再掩藏自己内心的想法了，他摆脱了那种清教徒式的教育阴影。他常常畅所欲言，很快便成了小团体里锋芒毕露的人物。每当他发言时，学校里那些高年级的学长以及一些校园中的优秀人士都全神贯注地聆听，这使他倍感兴奋。时间一长，伯特兰在个性与应变方面有了惊人的进步。他逐渐抛却了畏怯的性格，发表言论时，侃侃而谈、滔滔不绝，跟在潘布洛克府邸时简直判若两人。

当然，怀特海对伯特兰的一生影响很大，他心地仁慈，对伯特兰很是照顾，他希望尽全力帮助这位天资聪颖的学生。后来他们共同写出了《数理原理》。

查理·桑格是伯特兰进入大学后结交的第一个朋友。他身材矮小，面色红润，待人极为热情，多才多艺。伯特兰在剑桥求学时，除了最早结识的这位同窗好友桑格外，还结交了好几位终身知己。

结交知己

洛维斯·迪克金森也是伯特兰在剑桥早期结识的朋友之一，他们的友谊维持了一生，且历久弥坚。迪克金森举止文雅，说话极富感染力，很容易赢得别人的信任。同时，迪克金森也是个感情脆弱的人，那些令人憎厌或粗鲁的论调，很容易刺伤他，因此直到他生命末期，伯特兰始终不敢表露过分严酷的现实方面，以免让他不悦。

摩尔比伯特兰晚两年进入剑桥，伯特兰认识他的时候，已经是三年级的学长了，而摩尔还是一个"新人"。

摩尔外表清秀，略显瘦弱，深沉而热烈。伯特兰曾去他家里拜访过一次，他父亲是一位退休的医生，他有很多兄弟姐妹，其中有一位后来成了杰出的诗人。摩尔的思想虽然成熟大胆、无所畏惧，但在日常生活中他却像个孩子。伯特兰快毕业那年，经常和他在一起散步谈天。

摩尔和伯特兰都曾受到麦克塔加的影响，一度推崇黑格尔的哲学思想。不过，摩尔较早地放弃了黑格尔的学说，伯特兰也是在与摩尔的谈话中逐渐转变思想的。他虽然比伯特兰小两岁，但却大大地影响了伯特兰的哲学见解。

摩尔也有非常有趣的一面。比如，他和朋友们辩论时，总喜欢点燃他的烟斗，每当他擦亮一根火柴准备点燃烟斗时，他的话却停不下来，直到火柴燃完，快要烫到手指，才把它丢掉；重新再擦一根，结果仍然如此，往往辩论还没告一段落，整盒火柴已经用完了。伯特兰常跟他开玩笑："这样对你的健康也有好处，至少可以使你少抽些烟。"

其实，伯特兰在进入剑桥以后，就学会了抽烟。在这个学术的自由小天地里，伯特兰不但学会了抽烟，他畏怯、害羞的天性也逐渐发生了改变。虽然童年时祖母的教导还在耳边萦绕，但那些已经不能拘束这位剑桥大学的高材生了。每当他和朋友们高谈阔论时，总是嘴上叼着烟斗，那怡然自得的神情跟过去相比，简直判若两人。

伯特兰和摩尔对彼此的影响是相互的，在摩尔的影响下，伯特兰放弃了黑格尔的哲学思想。其实摩尔走上哲学道路反倒是受到了伯特兰的影响。摩尔最初就读剑桥时，是想研究古典文学的。后来，伯特兰劝说摩尔放弃古典文学专攻哲学。摩尔最后终于被说动，后来他在哲学方面大展才华，成为英国哲学界的泰斗。那么，摩尔对伯特兰有何影响呢？若干年后，伯特兰在《数学原理》中说："在哲学的基本问题上，我的主要思想都来自摩尔。"

数学、哲学与战争

伯特兰在剑桥的前三年专攻数学，到第四年才转为研究哲学。他对大学的导师制度不是很满意，他认为，在大学里根本不需要导师，因为他自己从未在导师的说教上获过益。虽然在进入剑桥以前伯特兰就对哲学感兴趣，但他读的哲学方面的书籍并不多。对于数学，伯特兰之前的几位家庭教师教过他一点，不过谁也没有告诉他微积分是什么。伯特兰一直比较感兴趣的就是哲学和数学。

当时的欧洲数学已经发展得比较完善，想要在短时间内再有所发展已经不太可能。伯特兰在大学三年级时因意识到了这一点，到了大学四年级，便改攻哲学。

伯特兰在剑桥还参加了一个社团，这个团体历史悠久，成立于 1820 年，伯特兰是 1892 年被推荐加入的。社团的成员都是剑桥大学的高材生，社团最主要的一条规定就是自由，成员们没有任何顾忌，也没有任何限制，他们可以讨论一切他们感兴趣的问题。集会常常要到深夜一点左右才结束，散会以后，伯特兰经常还要与另外一两个成员在走廊上交流很久。大约十年之后，凯恩斯也加入了这个社团。

伯特兰和凯恩斯后来的相识缘于凯恩斯父亲的介绍，凯恩斯的父亲是剑桥大学形式逻辑学的教授，他不信奉国教，通常把伦理置于第一位而将逻辑放在第二位。他的思想对凯恩斯产生了极大的影响。

伯特兰大学生活的前三年匆匆而过。1893 年，伯特兰在数学考试中名列第七，顺利拿到了数学学位。他的成绩虽不算突出，但比导师预料的好得多。这之后，伯特兰决定放弃数学，改攻哲学，他曾感慨地说："在应付考试的过程中，我发现数学中有很多阻碍和虚伪，就如同玩字谜游戏一般。当我从最后的考试中脱身时，我就发誓永远不再接触它，我把所有的数学书籍都卖掉了，一本也没留。"

从此，伯特兰便遨游在向往已久的哲学天地中了。

他曾一度走错了方向，因为受到导师和麦克塔加的影响，认为过去的英国经验派传统是错误的，唯有康德、黑格尔、布莱利等人的哲学才真正具有高度的智慧。1893 年，布莱利出版了《现象与实体》，伯特兰在朋友们的劝说和诱导下，日渐成为唯心论的信徒。

虽然伯特兰和摩尔最后都否决了麦克塔加的观点，可是他们不得不承认，在两件事上，他们的看法是一致的。这两件事是：第一，他们有一个共同信念，那就是做学问的过程中绝不能使用哲学方面的辩论，以达到自己最初设想出来的结论；第二，他们都憎厌模糊不清的观念，坚持要把"字的意义"弄得清楚明白。

伯特兰不论是在数学方面或哲学方面，都是在离开剑桥以后才开始他独创性的工作的。对任何一位伟大的思想家而言，不管他如何富于独创性，必然也会多多少少受到整个时代学术气氛的影响，伯特兰也不例外。他进入剑桥时，正是英国思潮大变动的前夕，帝国正由充满希望与创造的 19 世纪，迈入充满怀疑与批评的 20 世纪。伯特兰曾说："大家坚信 19 世纪的进步将会持续下去，相信我们自己将会贡献出一些有价值的东西给自己所处的这个时代。"

对于战争，伯特兰也有自己的看法。虽然大英帝国以外的遥远地区仍然不时发生战争，但任何一个有智慧、有理性的人都不会相信会有大规模的战争爆发。可是，1914 年，欧洲的所谓"文明国家"竟然动起手来了，这就是持续了四年之久的第一次世界大战。

初恋

1889年，也就是伯特兰进入剑桥大学的前一年夏天，他到一位叔叔家度假。在与叔叔散步的时候，叔叔提议到前几天刚搬过来的邻居家拜访一下。羞怯的伯特兰有点不大愿意，不过他还是顺从了叔叔的意思，但坚持不留下来吃晚饭。

这户人家的姓氏是史密斯，美国人，除了一对老夫妇外，还有已出嫁的女儿玛丽和女婿科斯特罗、儿子罗根和在外地求学当时正在家度假的小女儿艾丽斯。这一家人过去曾在英国定居，最近才从美国宾夕法尼亚州搬来，这对老夫妇是有名的福音教友派的讲道者，罗根是一位作家。

艾丽斯比伯特兰大五岁，长得很美，伯特兰第一次见到她时，简直是一见倾心。有一次，艾丽斯问伯特兰是否读过某本德文书，恰好伯特兰那天早上刚刚读完那本书，他便认为这是两个人有缘分、有默契的一种体现。艾丽斯与伯特兰相处时，态度亲切和蔼，使他觉得很自在，他自然而然地爱上了艾丽斯。

离开叔叔家后，伯特兰到剑桥大学就读。随着时光的流逝，他对艾丽斯的思念越来越深，他想找机会向她求婚。

1893年5月，伯特兰以继承人的身份从他的父亲安伯雷子爵那里获得两万英镑财产，在法律上和经济上都取得了独立地位。

在暑假之前，艾丽斯和她的一位表哥来到剑桥大学，伯特兰和艾丽斯有了进一步接触的机会。暑假期间她又和表哥一起来了，伯特兰与她一起郊游、划船，曾讨论到恋爱及婚姻等问题。这次相聚使伯特兰兴奋不已，从此两人开始通信，一直没有间断过。

9月中旬，伯特兰迫不及待地到艾丽斯家拜访。那天清晨两人约好早餐前去散步，他们在朝露未干的草原上漫行，远处是一片白桦林。这时候，晨光微曦，旭日初升，鸟儿在林间婉转啼鸣，在朦胧晓雾的掩映下，宛如人间仙境。伯特兰不由得从心底深处产生一种幸福感，但与生俱来的羞怯使他不敢表达自己的爱意。

两人回到艾丽斯家时，早餐已经准备就绪，可是伯特兰哪有心思享受这顿丰盛的早餐。饭后，两人又相偕外出，伯特兰实在按捺不住了，于是以无限羞涩和惶恐的神情，表达了他的求婚意愿。伯特兰以期待的眼神注视着艾丽斯，艾丽斯没有接受也没有拒绝，她只说愿意继续通信来往，让时间去决定一切。

午餐以前，他们回到家，发现一封来自美国的信，邀艾丽斯到芝加哥世界博览会上参加禁酒的宣传工作，艾丽斯欣然接受，她把信的内容念给伯特兰听。伯特兰心想，这么一来就得分开好几个月，虽然心里不愿意，但又无权反对，今后只好靠书信来倾吐情愫了。

伯特兰得意地把他和艾丽斯结识的经过，以及自己的愿望告诉了家人。不料却在家中引起了强烈的反应，潘布洛克府邸像是发生了一场地震一样，一些不堪入耳的话全都出现了。他们说艾丽斯不是个名门闺秀，而是个小骗子；说她是个低级的冒险家，是看伯特兰没有经验想占他的便宜，是个缺少情感的人，伯特兰以后一定会因为她的鄙俗而永远蒙羞等。

伯特兰的姨妈也来信劝阻。在家人及亲戚们看来，光凭"罗素"这个姓氏就可无往不利。如果想要谋求职位，无论是外交还是政治上都会有条不错的出路；如果想娶妻，不难得到一位名门闺秀。

这段时间，伯特兰有一本始终不让别人看到的秘密日记，里面详细记载着他与祖母的一段谈话，谈话的内容与艾丽斯有关。后来，伯特兰意外找到一本父亲遗留下来的日记，日记中记载了他与伯特兰的母亲交往的经过。伯特兰发现父亲向母亲求婚时的年龄，正好是他向艾丽斯求婚时的年纪。当时祖母也对父亲说过一番话，与她对伯特兰所说的一样。父亲的反应也和伯特兰这时候的反应相同。伯特兰翻阅了父亲的日记，他感到很诧异，他简直是父亲的翻版，这真是不可思议。

伯特兰在剑桥大学的最后一个学期非常用功，虽然他和艾丽斯在热恋中，但丝毫没有影响到他的成绩，他一直集中精力在书本上，因为他当时正在准备伦理学的考试。艾丽斯对伯特兰的感情似乎一直飘忽不定，她好像很想嫁给他，又好像决心保持自由之身。等伯特兰的伦理学考试结束时，艾丽斯终于做出了明确的决定，答应和伯特兰订婚。

伯特兰的家人对这件事情的态度一直没有改变，如今听说他们要订婚，更是决定采取激进措施。祖母先以继承权相威胁，但不能奏效，于是又搬出另一套办法。祖母借那位老家庭医生的口告诉伯特兰，罗素家族有精神类疾病史，他的一个叔叔曾经发疯，他的一个姑姑因为疯狂妄念而婚姻破裂，伯特兰的父亲更是饱受癫痫病之苦。祖母还表示她曾调查过史密斯家族，据说艾丽斯有一位行为怪异的叔叔。祖母的目的就是要让伯特兰相信精神类疾病会遗传给下一代。当时，一些自视很懂科学的人对遗传因素都持有几分迷信的态度，至于精神病患到什么样的程度才会造成不良后果，却没有肯定的结论。伯特兰听完自己的家族史之后，简直快要崩溃了，他心想：自己的命运注定是悲惨黯淡的。他和艾丽斯在花园里闷闷不乐地散步，伯特兰很想要个孩子，但又深信家庭医生的话，最后他鼓起勇气，对艾丽斯说出解除婚约的决定。没想到艾丽斯却表示，她只愿结婚，要不要孩子都无所谓。

伯特兰深爱着艾丽斯，也很想有自己的孩子，不过如果两者不能兼得，他还是会选择艾丽斯的。如今，艾丽斯主动提出要结婚，当然令他很欣慰。

伯特兰立刻把这个决定告诉了家人。这个消息再度引起了一阵骚动，在那个时代，人们普遍认为节育避孕是极为恐怖的事。那位老家庭医生———一位留着络腮胡子的苏格兰老人，听了之后，他郑重其事地说："根据我的经验，避孕药物会严重地影响健康。"

祖母也说："孩子，你知道吗？你父亲就是因为服用了避孕药物才导致精神失常的！你千万不要再做傻事啊！"

不错，父亲患有癫痫，姑姑疯狂妄念，叔叔是个疯子，这可怕的事实令伯特兰恐惧、悲叹，他陷入痛苦的深渊中。他经常做噩梦，下意识的恐惧层层包围着他。

艾丽斯比伯特兰坚强，她劝他去请教别的医生。有一次，他们去拜访一位非常出名的医生，这位医生的话使他们如获大赦般挣脱出了恐惧不安的深渊。他说："我多年来也一直在用避孕药物，根本没有任何不良后果。假如你们因此而不结婚，那才是大傻瓜呢！"

虽然整件事情峰回路转，可是，顽固的祖母仍要尽她最大的努力来阻挠这段婚姻。她以健康为由，希望伯特兰在三个月内不要结婚，伯特兰不忍拂逆老人家的意思，只好答应了。没想到这只是老人家的缓兵之计。有位杜福林爵士，曾经是约翰·罗素勋爵的部下，如今是英国驻巴黎的大使，祖母拜托他为伯特兰安排一个职位，让他到巴黎住几个月，也许距离会使他把艾丽斯逐渐淡忘。

　　热恋中的情人一旦分开，那份相思之苦实在令人难以忍受。伯特兰不放过任何空暇，就连中午休息时间，他都埋头写情书。

青年时代

有情人终成眷属

伯特兰和艾丽斯见面以后，立即讨论结婚的问题。伯特兰不喜欢太多繁文缛节，他主张简朴的婚礼仪式，艾丽斯也同意。于是他们不顾家庭的阻力，毅然决然地于 1894 年 12 月 13 日在伦敦圣马丁巷的一个教堂里举行婚礼。

婚礼当天，男方除了新郎外，没有一个家属参加，伯特兰的祖母因为这件事气得卧病在床，其他人当然也就不敢背着老人家前来观礼了。

婚礼之前，伯特兰和艾丽斯有过约定，婚后要到国外去见识见识，他们的目标先是欧洲，然后是美国。

1895 年年初，蜜月旅行的第一站是德国柏林。伯特兰漫步在春雪初融的大道上，脑海里计划着要写一系列的书，一部分是关于哲学的书，以及一些有关社会问题的阐述，他希望能将理论与实际熔于一炉。

伯特兰的家庭背景促使他对政治产生了兴趣，英国很重要的政治人物，比如丘吉尔跟伯特兰都很熟稔。伯特兰就读于剑桥大学时，丘吉尔还是哈罗公学的学生。至于费边社，这是英国政坛上很有影响的一个团体，也是对伯特兰的政治观点产生重要影响的一个团体。费边社成立于 1883 年，是英国社会主义团体之一。在这个团体里，伯特兰认识了韦伯夫妇，日后更是交往甚密。碧特莱斯·韦伯以热爱秩序和科学方法而出名，她和她的丈夫——著名的社会学家詹姆斯·韦伯都是从事自由职业、宣扬社会主义的先驱人物。

在柏林的最初三个月，伯特兰主修经济学课程，同时也在撰写自己的学位论文。他已经得到两万英镑的遗赠，因此不必为生活操心，可以安心写作，惬意地旅游。春日来临，伯特兰偕同新婚妻子前往意大利，艾丽斯的姐姐玛丽在这里有一栋别墅。意大利明媚的春光带给这对新人无限的欢欣，他们在海边游泳，享受日光浴，忘却了一些尘俗烦扰，这是他们最快乐的时刻。

在这神仙般的生活中，伯特兰思索着他的论文，为了获得奖学金，他必须在 8 月之前完成它。

为了准时完成论文，伯特兰和艾丽斯回到英国，在一个相对僻静的小村庄定居下来，

伯特兰·罗素在做广播

专心从事论文的写作。

这篇论文的内容涉及数学和哲学，伯特兰在 7 月准时将论文交出，之后赶到剑桥等待结果。论文中数学方面的内容由怀特海审查，哲学方面则由杰姆斯·华德负责。在宣布结果前，怀特海先生对论文提出了严苛的批评，这批评使得伯特兰觉得论文通过已经无望，但基于礼貌，他还是去拜访了华德先生，没想到华德对这篇论文赞誉备至。第二天成绩揭晓，伯特兰的论文通过了，他不禁欣喜。怀特海面带微笑地对他说："这是发现你著作上的瑕疵的最后机会了。"

1895 年秋，伯特兰夫妇再度前往德国，此行的主要目的是研究德国的社会主义运动，因为他早先就对德国社会民主党产生了浓厚的兴趣。这次二度访德，伯特兰所接触到的几乎都是社会主义分子，例如毕贝尔、老李布尼斯等。1895 年的德国社会民主党和欧洲其他国家一样，都是马克思主义者。若干年后，正统派人物被俄国吸收，剩下的都是一些温和派，他们反对以暴力推翻资本主义，主张以和平渐进的方式逐步改革。

伯特兰夫妇以极大的兴趣和热忱从事这方面的研究，他极有耐心地读完了《资本论》，又在柏林做深入观察，思索未来半个世纪内，马克思主义将如何影响历史命运。他们访问了许多德国社会民主党党员，参观过地方选举，还拜访了个别愿意提供资料的人。

回国以后，伯特兰曾接受费边社及新成立的伦敦经济学院的邀请，做过多次演讲。1896 年，伯特兰将这些演讲稿编辑整理，命名为《德国的社会主义》出版发行。这是伯特兰的处女作，虽然他自己并不很满意，但在今天看来，这仍是一本趣味盎然的书。

美国之行

1896 年秋，伯特兰夫妇赴美国，艾丽斯希望趁此机会去见见她在美国的家人。他们到达美国后，首先参观了位于新泽西州凯姆登市的美国诗人惠特曼的故居，随后又到了该州的一个名叫米尔维尔的工业小城。艾丽斯有位堂弟在这里的一家玻璃工厂担任经理，艾丽斯与堂弟的妻子私交甚笃。在堂弟家逗留了几天，他们又到艾丽斯的母校布林毛尔学院去拜访了校长嘉莉·汤玛斯。两人还被邀请在学院中做公开演讲，伯特兰的演讲是关于几何学的，而艾丽斯的演讲内容则是关于母性的。艾丽斯还曾私下和一些妇女们讨论政治权利与自由恋爱的话题。

随后，伯特兰夫妇到了马里兰州的巴尔的摩，住在艾丽斯的舅舅汤玛斯博士家里。汤玛斯博士有一个儿子，在约翰·霍普金斯大学医学院任教，是脑外科著名专家。他还有两个女儿，其中一个名叫海伦，在布林毛尔学院就读，为人温和而仁慈，可惜是个聋哑人，另一个是十分虔诚的正统教友派信徒。

当时，伯特兰尚寂寂无闻，但通过汤玛斯博士的推荐和安排，霍普金斯大学邀请他前去演讲，演讲的主题与之前一样。

伯特兰夫妇还曾去过哈佛，但未多做逗留就返回了英国。

1897年，伯特兰专攻数学，曾出版了《几何学基础》。他经常到伦敦旅行，有时候到剑桥和怀特海、摩尔、麦克塔加等晤谈，有一时期还在剑桥研究力学。伯特兰说："我逐渐发现力学原理中有些与哲学有关的东西，也与逻辑和教学有关。"

伯特兰也曾去过牛津，不过他对牛津的印象似乎并不好，他们对自己感兴趣的领域也不是十分熟悉。

1898年，麦克塔加计划到新西兰探亲，他找伯特兰帮他代课，伯特兰答应了。他所讲授的是德国大师莱布尼茨的哲学理论，他是17世纪后期的杰出哲学家、数学家、科学家，被誉为"17世纪的亚里士多德"。

伯特兰研究莱布尼茨实在是很偶然。莱布尼茨的哲学核心是"单元论"。自从显微镜发明以后，人们已经可以见到微小生物的活动情形，科学家们日渐相信，即便是一滴水中也有前所未知的东西存在。莱布尼茨又将科学引申到哲学上面，认为宇宙是由许许多多数不胜数的小部分构成，这种极小的部分被称为"单元"，它们具有独立的统一性格，每个"单元"都能从一定层面上反映整个宇宙，而且所有的独立单元都在各自的系统中运行。

伯特兰在讲授过程中，完全采取理智的态度，他详细思考、分析、研究，然后提出他独创性的诠释。不久后，一些从未出版过的莱布尼茨的手稿被人发现，证实了伯特兰独创性的见解完全正确，这使得伯特兰获得了声誉和成就感，后来伯特兰出版的《莱布尼茨哲学》便是他当时讲授的一些内容。

1898 年，伯特兰的祖母去世，从这一年开始，伯特兰夫妇每年都要到剑桥待上一段时间，一直持续到 1902 年。那时候，他才开始从德国唯心论的浸淫中挣脱出来。在这个过程中，摩尔对他的帮助很大，伯特兰后来说："摩尔发现黑格尔的哲学不能适用于所有方面，我也发现它无法应用到数学上。经过摩尔的帮助，我终于挣脱了它，回到由数学逻辑所支配的常识世界来。"

《数学原理》

1900 年,《莱布尼茨哲学》正式出版问世。同年 7 月,伯特兰和怀特海一同参加在巴黎举行的国际哲学会议,开始了他生命中的崭新的一章。

在这次会议上,伯特兰结识了意大利的著名数学家皮亚诺。对于皮亚诺,伯特兰可谓是久仰其名,他曾读过很多皮亚诺的著作,但却未曾下过功夫去研究皮亚诺的符号逻辑。在会议上,他发现皮亚诺比任何人都头脑清晰,他提出的论证也比一般人更能切中要害。经过深入的研究,伯特兰认为皮亚诺的记号法正是他多年以来一直寻求的逻辑分析的有力工具。一个月之后,伯特兰熟读了有关皮亚诺学派的所有著作,他还把这种数学理念推广到了逻辑学上,并计划撰写《数学原理》,目的是要建立"数学与逻辑基本上是相同"的理论。

怀特海夫妇和伯特兰住在同一地区,伯特兰曾把自己的构想告诉怀特海,他们经常在一起讨论。有时会遇到百思不解的难题，经过冥思苦想，难题终于解决时，那种心智上的愉悦，据伯特兰自己说，简直是如醉如痴，就好像在浓雾中爬山，登上山顶，云雾散尽，山下的农田、村落等景色尽收眼底。

1900 年 9 月，伯特兰终于找到了始终困扰他的那些关于数学的问题的明确答案。在发现这些答案的过程中，伯特兰为数学领域引入了很多新的元素，使得数学研究更为简洁化、明晰化。

10 月，伯特兰开始着手撰写《数学原理》，他和他的老师兼好友怀特海合作了将近十年之久。通常情况下，先由伯特兰拟好大纲，他和怀特海各负责一部分，各自分头去写，完成初稿后再相互交换审阅，并提出修改意见以供参考。伯特兰每天都写十页左右，在年底以前就完成了草稿。

伯特兰最初计划写两卷，第一卷是对一般日常语言的评论与介绍，第二卷则以象征符号为工具，提出严格的论辩。《数学原理》的第一卷于 1903 年出版，当时怀特海已出版了他的《一般代数》的第一册。他们合作的《数学原理》第二卷直到 1910 年才出版。

伯特兰和怀特海合作著述《数学原理》的这段漫长岁月里，两人之间友谊日渐深厚，他们每周都互相拜访，同时保持着密切的通信联络。

《数学原理》是伯特兰一生中最伟大的学术性巨著，他花了将近十年时间，倾注了极大的热情和精力，这部巨著也为他赢得了无比崇高的荣誉和地位。不过真正读过《数学原理》的人恐怕不多，就像大多数经典作品一样，虽然人们一致认为它极有价值，但却很少有人会静下心来仔细研究，即使那些专攻数学或逻辑学的人也不一定对它很熟悉。

七年之痒

1900 年，伯特兰和艾丽斯结婚已经满六年。这一段的婚姻生活，可说是相当平静，正是由于这般平静无波的生活，伯特兰才能写出举世推崇的巨著《数学原理》。艾丽斯也确实尽到了做妻子的责任，她把家务事处理得井井有条，让伯特兰能够不受干扰专心从事于创造性的思考工作。

经过婚后平静的六年，表面上似乎还看不出他祖母当年的预言是否正确。但是，他心智与精神上的敏锐似乎无法和艾丽斯那种教友派信徒的背景相容，渐渐地对艾丽斯产生了厌倦。

伯特兰在喜好及憎恶上，始终是典型的贵族式人物，但现在却和那些同阶级、同背景的人逐渐疏远，后来他所结交的是一群反抗传统而具有新思想的人。

伯特兰的哥哥弗兰克是个不顾风评的贵族，他的行为深深地困扰着伯特兰。弗兰克曾因重婚罪而被控入狱，人们背后称之为"邪恶的坏伯爵"。当他到美国去取得离婚许可，并将娶得的新妇带回英国时，伯特兰并未去信道贺，哥哥曾来信责问并说希望这是他无心之失。

1901 年年初到 1902 年 2 月这一年中，伯特兰经历了一次突然的转变。

日后，他在给奥托琳的信中曾提及有关南非布尔战争的事。

1899 年秋，南非爆发了"布尔战争"，当时伯特兰还是一个帝国主义者，他对战争的前途极为关心，大不列颠的战败令他十分焦虑，他都要步行到两千米以外的车站去买报纸，除了战事消息外，几乎什么事都不关心。艾丽斯不是英国人，她对这场战事的成败当然不感兴趣。更糟糕的是她看到伯特兰如此专注，感到十分恼火。在战事结束前，伯特兰的态度有了转变，他对人道主义的爱和对暴力的憎恶，使他变为亲波尔派了。艾丽斯一直感到不快，记得有一天她和别人谈话时，毫无顾忌地说："我不愿有一个像他（指伯特兰）那样的孩子。"这句话使得伯特兰耿耿于怀，只不过未与她在表面决裂而已。

伯特兰也知道，艾丽斯决定嫁给他，是准备委心于他的，所以他也不想做个负心的人。他无法做到在不爱她的时候强装出爱她的样子，他委实做不到这一点。他和她在一起时，已经没有丝毫感情。

面对这一难题，他心中出现了他父亲那种自负的性格，他开始以他的道德准绳来评判自己的行为是否正当。伯特兰虽然没有告诉她已经不爱她，但敏感的艾丽斯已经觉察出有点不对劲了。

1902年春天，她为了休养身心，曾独自隐居了好几个月，当她回来时，伯特兰向她表示不想再跟她同住一个房间，最后终于坦承他俩的爱情已经结束。虽然若干年后他回忆起当时的自以为是似乎觉得可厌，但他终于明白，她并没有他当初想象的那么美好。

伯特兰对艾丽斯感情的转变，部分原因要归于憎恶岳母和表兄的某些习性，这种特质在艾丽斯身上也能寻觅到一些。艾丽斯对她的母亲简直像对圣哲那样地崇拜，而伯特兰却认为岳母大人是个最坏的女人。比方说，她对丈夫非常蔑视，并且经常加以羞辱，她从不跟他讲话，也很少提到他。伯特兰认为，虽然岳父是个糊涂的老人，但毕竟是她的丈夫，若是她稍具仁心，就不会那样子对待他。

老人临终前，嘱咐给园丁五英镑的遗赠，当他去世以后，她卖掉了他的假牙，却不肯履行丈夫的遗言。由于她的硬心肠，就连最顺从她的罗根，也难过得暗自落泪，这是儿子对母亲唯一不满的一次。

伯特兰对这位岳母大人很是厌恶，凡是对她崇拜甚至稍具好感的人，他都一律厌恶，艾丽斯当然包括在内。

1902年秋天，他在赛阳道租了一幢房子，准备做半年的逗留。艾丽斯一直试图让丈夫回心转意，他也在一年中有过几次的反思，希望能够与她重归于好。可是，双方的努力徒劳无功。。

1903年和1904年，他下定决心不让自己因任何事分心，以便完成《数学原理》。事实上，他每天都面对着一张白纸呆坐，除了进餐以外，整天瞪着那张白纸，直到傍晚头脑中仍然是一片空白。

1905年，情况略有改变，他和艾丽斯决定在牛津附近住下来。他请三一学院的同学亨利·弗莱契替他在拜格雷森林建造一幢房子。这幢房子位于泰晤士河畔，占地八英亩，环境幽美。伯特兰夫妇的情绪已暂趋稳定，他们搬进去以后，两人间的裂痕似乎得到了一点修复。

新的恋情

一般人都认为伯特兰在1900年至1910年间，除了创作《数学原理》外，没有从事其他方面的事情。其实这段时间他曾在《心灵》以及其他刊物上发表了一些哲学论文或书评之类的文章。1905年，他把"论符号"交给《心灵》的主编史托特教授。同年 12 月，他又向伦敦数学协会宣布了一篇论文，也建议设法使"论符号"的原则运用在数学上。

伯特兰在撰写《数学原理》时，也曾从事政治活动，他参加了一个名为"协力合作"的团体，全力宣扬自由贸易政策，1907 年参加了国会议员的竞选。

假如他如愿以偿地步入政坛，那么他的一生又将是什么样呢？这确实是个颇有兴趣的问题。不过，查理·特里维廉有句话说得很中肯，他说："伯特兰不太肯与别人合作，他很难成为一个成功的政治家。"

1909 年夏天，他的工作到了最后阶段，开始和怀特海商讨出版事宜，当他前往剑桥大学出版社会晤出版人时，却遭遇到一些难题。因为《数学原理》中的许多奇怪符号，在印刷厂里根本找不到，而且文句也太过冗长。最后协商的结果，由作者负担可能亏损的半数——300 英镑，问题这才得以解决。

伯特兰住在牛津附近时，最讨厌牛津大学的一位黑格尔"唯心论"的信徒史密斯。史密斯曾说过："真理是蕴藏在我们绝对的心底思想中。"伯特兰却反驳说："照他这么说，如果那绝对的心停止考虑我的头发，是不是我就变成秃顶了？"伯特兰批评他是个伪君子，口口声声要改进年轻人的品德，事实上反而使他们堕落，因为他使年轻人相信那些不真实的东西。

1909 年秋天，罗根带好朋友菲力浦·穆瑞尔和他太太奥托琳·穆瑞尔一起到拜格雷森林来拜访伯特兰。奥托琳·穆瑞尔是波特兰公爵的妹妹，出身于贵族家庭，高而苗条的身材，加上美丽的褐色长发，散发出耀眼的光芒。她喜欢穿着华丽鲜艳的衣服，使用过多的香水和粉脂，小时候曾到潘布洛克府邸做过客。受过清教徒教育的伯特兰对于她过度地使用香水和涂脂抹粉，似乎有些反感。后来克隆浦顿·戴维斯的一番话，使伯特兰改变了对她的看法。据克隆浦顿说，她曾在他的"土地价值协会"做过事，有值得称道的地方。

奥托琳是当时最受瞩目的女性之一，在任何场合都非常吸引人。哲学家森塔耶那形容说："她又高又瘦，穿着蓝色的丝裙，是一位不可思议的人物。"

那一身违反传统的打扮和行为，逐渐地使人捏造出不少传奇性的故事。不过，她确是一位了不起的女性，她对艺术具有高度的鉴赏力，她能辨识男士们潜在的才华，并鼓励他们充分地发挥。她主持了一家文艺沙龙，出出进进的都是些才俊之士，各形各色的人物济济一堂。

她和伯特兰于 1909 年秋初次会面，伯特兰给予她非常深刻的印象。她写道："伯特兰是一个极为有趣的人，我还没有见过比他更诱人的男士。他机警、敏捷、目光明锐，他头脑聪明、善辨真伪。他那机智、幽默的谈吐，使我的情绪久久不能平静下来。"

他俩的恋情是从 1911 年春天开始的。

1910 年普选时，伯特兰决心帮助菲力浦·穆瑞尔竞选。选举期间，伯特兰经常利用晚间的一些集会发表支持菲力浦的演说，白天又到处奔走，为他游说，几乎跑遍了牛津附近的村落。由于选举的关系，他和奥托琳有了更多的接触机会。

不过，菲力浦和其他邻区的自由党人一样，竞选失败了。于是他转移到了另一个新选区——布恩莱。因此伯特兰有一段时间没有跟他们见面。

1911 年春天，伯特兰接受邀请要到巴黎去做三次演讲，他去巴黎以前，曾在菲力浦家中做客。3 月 29 日，他到达贝德福四十四号菲力浦的家，他发现奥托琳这个家布置得富丽堂皇。他一向喜欢精致的陈设，只是自己无力置备，如今蓦然进入这般赏心悦目的环境，顿然有一种从外界种种烦恼中解脱出来的舒适感，使他既惊异又兴奋。

恰好这一天，菲力浦·穆瑞尔因事要到他的新选区布恩莱去。家里就只有伯特兰和奥托琳两人，他俩谈了许多有关布恩莱选区以及政治上的问题，晚餐后，谈话的气氛更为亲密，她和他促膝交谈，他惊讶地发现自己已深深地爱上了她，而她也还抱以同样的感觉。

这次的意外，使他深为陶醉，毫不顾及将会产生什么样的后果，他决心抛弃艾丽斯，也希望奥托琳抛弃菲力浦。

其实奥托琳很是怀疑伯特兰对她是一时兴起还是早有好感。她在日记里写道:"他对我倾泻热情,令我毫无准备······他要我为他牺牲一切,共度新生活。"奥托琳一向深思熟虑,不管她对伯特兰多么仰慕,但要她放弃现有的婚姻,却还一时拿不定主意。他俩的谈话断断续续,没有任何结论。

天亮以后,他离开奥托琳去和鲍伯·特里维廉会合,一同搭乘前往巴黎的火车。他在车上迫不及待地写了封情书,诉说沿途鲍伯的唠叨不停、离开她时的惆怅等,信中充满了灼热的深情。

当他抵达巴黎时,奥托琳的信也恰好到达,信的大意是,她愿意听凭命运的摆布。

伯特兰从巴黎回来后,立即正式走访贝德福。他返回芬赫士特,坦白地告诉了艾丽斯,她神色如旧,处之泰然,因为她真正的痛楚是十年前听到丈夫亲口说出不再爱她的时候。她自己也深深地意识到,唯有不再做徒然的挣扎才会过得幸福些。

这期间,伯特兰经常往来于剑桥和伦敦,他把时间安排得很好,他和学校商量过,每周安排两次讲授,以便随时可以去伦敦。奥托琳也秘密地与他约好相会的地点。

至于艾丽斯和菲力浦方面,前者同意维持表面上的和谐;后者也默认了这一事实,不反对伯特兰的继续造访。

终于,伯特兰的第一次婚姻宣告终结。双方同意结束

17 年的婚姻生活，直到 1921 年才办完离婚手续。

伯特兰和艾丽斯虽已离婚，但奥托琳并未和丈夫离婚，菲力浦委曲求全，只是对他们的关系不予深究，一直忍耐到 1916 年伯特兰和奥托琳的恋情结束为止。

作为讲师

1910 年秋，伯特兰曾一度希望由自由党提名出来竞选国会议员，但因被人检举他是不可知论者而未能如愿。其实那个时候，他的母校正聘他回去讲授数学原理，这份工作比起政治对他的吸引力更大。他接受了聘约，于当年开始定居在剑桥。

伯特兰在母校三一学院担任逻辑和数学原理的讲师，他那一班的学生很少，但素质较高。数学逻辑那一班仅有三个学生：勃洛德、芮维尔和诺顿。让伯特兰引以为豪的是，他的学生都能获得奖学金。

人才济济的剑桥，这时候又出现了一颗光芒四射的巨星——韦根斯坦。

伯特兰和韦根斯坦第一次见面的情形是这样的。1911 年 10 月，伯特兰在自己的房间，有人敲他的房门，原来是一位高大且稍有一点神经质的年轻人来访，此人不太会说英语但又不愿说德语。

韦根斯坦当时 21 岁，家境富足，起先在曼彻斯特大学研习工程，对新兴的航空科学有浓厚的兴趣。他先以风筝做实验，认为飞机最重要的部分是引擎。他要从事于螺旋桨的设计工作，可是却遭遇到一些难题，而这些难题则和数学有关，因此他决心要研究数学。就这样，他慕名来到剑桥，做了伯特兰的学生。

刚开始的时候，这位好辩的学生让伯特兰十分头痛，伯特兰认为他十分顽固，但不愚蠢，但是，没过多久，伯特兰就改变了对他的看法，伯特兰发现这个年轻人常常提出一些极富创意的建议。他有着强烈的理论热情，在激辩时会忘情地畅所欲言，甚至会不顾及礼数。

当时，摩尔是剑桥大学的风云人物，韦根斯坦也常去听他的课。摩尔对这位青年十分器重，伯特兰要摩尔说一说他对韦根斯坦的印象，摩尔说："当我们发生歧见时，韦根斯坦往往会据理力争。还有，当我讲课的时候，他如果有困惑不解的问题，就会皱眉，让你很明显地从他的面部表情上看出来，而别的学生都不会这样。"

第一个学期结束时，韦根斯坦向伯特兰表示，如果老师认为他不值得造就的话，他就放弃哲学，继续从事他的航空学研究。伯特兰没有做肯定的答复，只是叫他写一篇论文给他看。

不久，论文写好送到伯特兰的面前，他才看了几行就不住地点头，最后说："你该继续研究下去，你比我的任何一位学生更卓越，你的成就必将超越他们。"

1921年年初，森塔耶那到英国来，代表哈佛大学邀请伯特兰前往讲学。当时，伯特兰表示需要考虑这项邀请。直到年底，他才同意在1914年3月赴美访问。准备在哈佛讲授逻辑及一般哲学基础。

1914年3月7日，伯特兰搭乘"摩利塔尼亚号"启程赴美。哈佛的研究生们让伯特兰印象深刻。他的班上有12个研究生，每周都有一次茶会。伯特兰对他们中间比较突出的两个最感兴趣。一个是艾略特（英国诗人，1888年生，后来成为20世纪最有影响力的诗人，1948年获得诺贝尔文学奖）。这个人出奇的沉默寡言，只有一次，当伯特兰赞扬赫拉克利图时，艾略特才陈述他的意见："是的，他使我想起维庸（法国诗人）来。"伯特兰认为他的评语非常恰当。

另一个使伯特兰感兴趣的是拉斐尔·狄摩士。他是希腊人，他从小在小亚细亚长大，并在那儿做过图书馆的管理员，他遍览群书，认为那里再不能使他有所长进了，于是筹足旅费来到了波士顿，先在一家饭馆做侍者，然后进入了哈佛大学。他非常用功，本身又极具才能，最终成为哈佛的著名教授。

1914年4月，伯特兰抽空到纽约去度假，住在海伦·福莱斯特家，海伦带他去游览市区，登上最高的摩天大楼，玩得很痛快。他也曾接受露茜·唐纳莱的邀请前往布林·毛尔。

伯特兰结束了哈佛之行后，又前往巴尔的摩市的霍普金斯大学，然后再到普林斯顿，曾在密歇根大学做过一些演讲。5月底，他到达芝加哥，住在一位医生家里，这位著名的妇科医生曾写了一本关于妇科疾病的书。他们家有四个女儿，其中的一个曾在牛津攻希腊文，伯特兰经人介绍而认识她。她长得不算美，可是热情而有趣，这次他就是接受她的邀请而来的。

1914年6月，伯特兰返回伦敦。不久奥地利对塞尔维亚宣战，第一次世界大战爆发了。

第一次世界大战时期

伯特兰说过，人类的事务，事实上已经依循非理性的方式在进行，解救之道非常单纯而容易，只要让人们向合乎理性的方向前进即可。

如今，眼前的事实，使他感到人类并非如他想象的那么合乎理性，他承认过去的想法是错误的，于是改变了思想和生活方式。

当时他正在剑桥，人们都在讨论着未来的局势，他简直不敢相信，欧洲即将疯狂地掀起一场大屠杀。看情势，英国很难置身事外，终将被卷入。

不过，在战争爆发以前，他要尽最大努力，不让自己的国家卷入战争。伯特兰和许多教授及同事共同签名，于8月2日在曼彻斯特卫报上发表声明，坚决主张英国要保持中立。

遗憾的是，战争真正爆发之日，大多数签名的人都改变了态度。尤其是凯恩斯，战争的来临，可以使他在财政部门获得一份令他满意的工作，同时可以结交不少政坛显要，如首相阿斯奎斯等。

伯特兰对他们的短视善变感到惊异。他认为凯恩斯在财政部门的工作是以最低的代价做最大的屠杀。他曾以责难的口吻问凯恩斯："你是如何做到一方面同情具有良知的反战人士，而同时又仍然在财政部继续你的工作？"凯恩斯却始终没有给予明确的答复。

奥托琳拍来电报，要伯特兰赶快回伦敦。他次日清晨出发，当天中午和奥托琳在贝德福广场共进午餐。他发现奥托琳的想法和他一样。她赞成菲力浦于当晚在下院发表和平演说，由于太过拥挤，伯特兰没有进去，一个人在街头踟蹰，看到群众的激动情绪，使他惊觉到一般人对战争的狂热，感触颇多。

第二天，他又和奥托琳会面，两人一起在大英博物馆附近徘徊，心情沉闷地讨论着未来的形势。

战争发生之初，有很多事令他感到震惊。老师兼好友怀特海等人，竟是残酷的好战者；汉蒙近几年来经常发表反战的文章，但因比利时的中立被破坏，也改变了主张。《国家报》的惯例是每周二的中午举行员工会餐，8月4日那天，伯特兰也去参加，发现编辑马辛翰激烈反对英国卷入战争，他欢迎伯特兰在他的报纸上发表文章。有了这位新闻界知音，伯特兰倍感欣喜。

可是，第二天，伯特兰就接到这位编辑先生的一封短信："今天已非昨日。"

伯特兰的失望可想而知，他立即提出抗议，并送了一篇呼吁英国中立的长信去，没多久总算被刊登了出来。

当时英国国会议员中也有一些和平主义者，这批人经常在贝尔福广场44号的奥托琳家里聚会，伯特兰也常去参加。以后的"民主管制联盟"就是在这些聚会中发起的。伯特兰发现这一批所谓和平主义者，大多把注意力放在该由谁来领导上，却很少认真讨论该如何去从事反战工作。不过，这批人毕竟和伯特兰的志趣相同，所以伯特兰也尽量跟他们合作共事。

这段时期，伯特兰生活在极度紧张的状态中，他对战争带来的灾祸，比一般人预计的要多得多，而大多数的人却幸灾乐祸地期待大战的来临，真不知道这是什么样的心理。伯特兰在惊讶之余，不得不重新估量人性。

伯特兰对参战国所做的宣传，深感厌恶，他认为战争是文明人回复到野蛮的愚行，看到一批批的青年乘上火车开往前线，使他心痛如绞。他有一种幻觉，好像伦敦市很可能在顷刻间消失，如同晨雾似的消散无踪，这活生生的世界难道是一场梦境吗？

幸好奥托琳在这个时期给予他不少慰藉，她赞同他的主张，在精神上尽力支持他，使他不致感到过分的孤单无助。

1915 年夏，伯特兰写了一本《社会重建的原理》，在美国出版时，未经他的同意竟被改名为《人类为什么要战争？》。最初，这只是他的教材，是一连串的政治演说，他原本无意写它，但不知不觉间却写了出来。他自己认为在尚未完成前，还不了解它整体的意义，直到即将完成时，才发现它有一个完整的体系。书中论及政治哲学乃基于如下的信念——冲动比有意识的目的更能主宰人类的生活。

伯特兰把"冲动"分为两类：一是占有性的，一是创造性的。一切有意义的生活大多建立在创造的冲动上，他把政府、战争及贫穷等视为占有冲动的具体表现；至于教育、婚姻与宗教等则是创造冲动的具体表现。

伯特兰相信，创造力必需自由发挥才能促进改革。起先，这只是他的讲授教材，并没有想出版。没想到出书以后却一鸣惊人，并为他带来大笔财富，奠定了他稳定的经济基础。

这件事还得归溯到奥托琳身上，是她和劳伦斯（英国作家，以《查泰莱夫人的情人》一书闻名于世）共同促成的。

奥托琳一向喜欢劳伦斯的作品，她在少女时代就曾读过他所著的另两本书《儿子与情人》及《白孔雀》。

经由奥托琳的介绍，伯特兰和劳伦斯由相识而成为好友。前者出身于贵族世家，后者则来自矿工家庭，由于思想及人生经验都有很大差异，使得他俩的友谊没能维持太久。

1915 年，奥托琳从伦敦搬往牛津附近的卡辛顿的别墅，菲力浦·穆瑞尔在当年秋天为伯特兰安排了一个农庄住所，由奥托琳为他布置，让他能集中心力做讲学准备。如果有客人来，便到卡辛顿晤面。通常是上午工作，下午和奥托琳一起散步，他对工作越来越专注。不过，他俩之间的感情却起了变化，伯特兰对她越来越冷淡了。

菲力浦·穆瑞尔亦是自由主义的斗士，经常在国会中为和平主义者辩护，以前每周四，奥托琳总是邀集一些"良知反战者"到贝德福广场 44 号的寓所去聚会，他们在雅致的客厅里高谈阔论，无拘无束。现在的卡辛顿农庄别墅，这些人也是常客，他们抽雪茄，喝咖啡，在农庄上散步，获得心灵上彻底的解脱。

伯特兰在这些和平主义的知识分子群中，常常成为辩论的中心人物，有时候他机智而冷酷无情的辩才，会引起别人的不快。不管怎么说，卡辛顿农庄别墅被视为他们的安全避难所。他们在这里聚集了一些志同道合的朋友，彼此可以大发宏论，不受干扰。

受迫害

伯特兰是"良知反战者"和"反征兵同盟"的主要成员。他致力于和平主义活动,是卡辛顿农庄别墅的中心,赢得了不少崇拜者,不过他的名声还只是限于学术界。1928年,除了剑桥同僚们的嫉妒和敌意外,政府也开始注意他了。

三一学院里的一些支持战争者常会被伯特兰的机智所刺伤,因而心存敌意,甚至在餐厅里都不愿意跟他同桌吃饭。年轻的一辈有时候倒还会说些公道话,他们认为伯特兰有自由表达思想的权利,可是不久他们也被征召参战了。至于老一辈不需服兵役的教职员们,则对伯特兰充满了敌意。尤其是他大学时代的好友麦克塔加,对伯特兰的言论最不能容忍。倒是罗威士·迪克金森却始终和伯特兰保持着良好的友谊。

1916年6月发生了"艾弗雷特事件"。欧尼斯特·艾弗雷特是"良知反战者"的一分子,他被征召服役,但因在军中不服从命令而被判处两年的劳役。"反征兵同盟"为这件事散发了一本小册子提出抗议,有好几个人因散发小册子而被捕。伯特兰写了封信给《泰晤士报》，大意是，这本抗议小册是他所写，任何责任他愿一人承担，与别人无关。

6月15日，伯特兰在伦敦市长查理·魏克菲爵士面前受审，伯特兰和他哥哥研究一番以后，决定不聘请律师，而由自己出庭辩护，他侃侃而谈，前后差不多讲了一个小时，其中有一段精辟的话，他说："我个人被判是否有罪，都是无关要旨的事，今天受审的不只是我伯特兰，而是我们的祖先经过若干世纪奋斗牺牲的自由传统。世界上的其他国家也许在别的方面有胜过我们的，但是自由传统是我们必须力求维护的优点，我坚决主张个人自由。……庭上说我对大英帝国军队的征召与风纪发表不利言论，我认为找不出任何证据可以指出它妨害兵役。它散发的时候，独身男子已被征召，任何努力只限于已婚者，如果已婚者自愿入伍，他们便不是良知反战者。该项文件指出如果有谁准备做良知反战者，就可能被判服劳役两年，我认为这一事实不可能使一个本非良知反战者的人自称为良知反战者……"

他的辩护是如此有力，使得市长感到很尴尬，因而打断了他的话，市长说："你不是在辩护而是在做政治演讲，因为你不谙法律，所以我对你相当宽容。"

最后，伯特兰仍被判有罪，罚款100英镑。

有关伯特兰的辩护词及审问过程曾被出版，但被政府下令禁止。

伯特兰被判有罪的消息公之于世以后，当年的7月，该学院的校务会议决定将伯特兰解聘。这件事刺伤了伯特兰的自尊心，不仅表示他和剑桥的关系从此一刀两断，而且还得继续面对公众的敌意。

6月29日伯特兰提出上诉，却被驳回。他拒交罚款，结果他在剑桥的一部分私人物品被勒令拍卖，包括家具、地毯、书籍、金表、奖章等，但除了家具、地毯被拍卖了以外，不足部分由朋友们凑齐罚款为其缴付，所以书籍、金表、奖章等都被保留了下来。

判罪、罚款、拍卖财产等只是初步的打击，接下来他还将面临其他的打击。

1915年年初，他在剑桥获得两个学期的休假，哈佛大学准备邀请他去访问。1928年1月，哈佛哲学系的伍德教授请他去讲学，他也同意了。可是这时候英国政府对他密切关注，因为他已经被视为问题人物了。当他承认是"艾弗雷特事件"文件撰稿人后不久，英国外交部接到驻美大使的一份电报，大意是：哈佛邀请伯特兰去讲学，应该警告他，他在美国所做的反英演说很可能被德方利用。

外交部随即开会讨论，一致认为伯特兰此去将造成不利影响，不应该让他出国。他们认为伯特兰写了一篇不妥的文章而受到处罚，应告知哈佛校长，他不能获得赴美护照。

既然美国去不成，他开始准备公开演讲。陆军给了他一道命令，内容是他可以在内地的城市如曼彻斯特等地做公开演讲，但不能在"禁区"发表演说。所谓"禁区"是指那些不能让间谍进入的地区，实际上英国所有的沿海城市都已包括在内了。据说是他们深恐伯特兰会向德国打暗号，这件事令他啼笑皆非。

从事于和平主义活动越来越困难，伯特兰有意放弃，因为事实上已经收不到多大的效果，但继而一想，如果放弃的话，政府可能认为他是认错了，因此决心继续进行到底。

伯特兰在南威尔士待了三个星期，向那些军火制造工人发表演说，有时在大厅里，有时在户外。他发现那儿的工人也转变为和平主义者了，他在工业区发表演说，总会受到大多数听众的拥戴，但在伦敦的情况就完全不一样了。

伯特兰的一言一行使得英国政府惊慌失措，这是有原因的。他是为和平奔走呼吁的哲学家，而且他本身早已超过兵役年龄，显然不是为了私人利害才反战，所以更能令人信服和崇敬。此外，他还支持一些反战的年轻人，做那些人的顾问、伙伴及辩护人。

1916年11月，美国总统威尔逊向同盟国和协约国呼吁和平，虽被拒绝，但伯特兰仍认为威尔逊可以带来和平，于是他写了一封长信给威尔逊总统。问题是，如何把它送达威尔逊总统之手。

恰巧自从9月间艾略特夫妇搬出伯特兰的公寓后，海伦·杜德莱和她妹妹凯瑟琳就住了进来，而凯瑟琳准备到美国去度圣诞节，于是伯特兰就把这封信交给凯瑟琳，顺利地经由美国的中立协会委员会送达威尔逊总统的手中。他们在信件送往总统府之前，先写了几份分送给新闻界，即使总统本人没有任何反应，也可让世人知道这项呼吁。首先《纽约时报》在首页刊登了这封信的全文，美国的其他报纸也相继刊载。标题是——神秘女子带来伯特兰的呼吁，英国的著名哲学兼数学家要求威尔逊出面阻止战争以免欧洲沦亡。

这封信潜出国境，使得英国当局深感不安。有份报纸说："伯特兰不能左右逢源，如果他的信件值得美国总统重视的话，那么他便是不忠；反过来说，如果这是对美国总统无礼的恶作剧的话，美国便不该予以重视。"

负责调查的官员发现是住在伯特兰家的杜德莱姐妹帮助送信，因此对海伦警告说，今后如果她想出国，就得接受严格的检查。

伯特兰在国内，仍然为"反征兵同盟"忙碌。艾伦一度由于身体原因获释出狱，但因不服从军令而再度判刑。伯特兰只是在审讯的时候，才见到了他。

伯特兰对"良知反战者"的关怀，因俄国的革命而加深了。他认为沙皇被逐，临时政府成立，等于是俄国撤军。不过，仍然有部分俄国人认为可以一面革命，一面参战。第一任国防部长后来出任总理的克林斯基就认为应该努力作战，并在

1917 年夏季进行一次重要反击。

当克林斯基革命爆发时，在英国北部的利兹地方有一大群同情者举行了聚会，伯特兰曾乘坐火车前往发表演说。

入狱

1917 年，伯特兰准备退出和平主义的积极活动，他认为替战后的和平社会做一些有建设性的工作也许更为重要、更有意义。

当时，"反征兵同盟"发行了一份周刊，名为《论坛》，过去的社论多半由伯特兰执笔，自从他不再担任编辑后，就停笔了。1917 年年底，新的编辑生病，请他代笔。伯特兰只好再拿起笔，写了一篇社论。

这篇文章刊出日期是 1918 年 1 月 3 日，内容是："除非和平马上来临，否则的话，全欧洲将陷入全面的饥饿中……届时人们将因抢夺生活必需品而发生战斗。美国的军队将会派往英国和法国，虽然他们不一定能抗拒德国人，至少可以吓阻那些罢工的人，这种事，他们在国内是习以为常，十分在行。"

英国政府抓住了社论里的话，不肯放过他。五天以后，伯特兰被遣送到法庭接受审判，他被控"以文字陈述妨害英皇陛下与美国之间的关系"，法官宣判伯特兰有罪，必须坐牢6个月。

伯特兰曾一度上诉，4月再度开庭，但仍维持原判。后来伯特兰回忆说："我不埋怨政府那时候对我的态度，因为我从未尝试要和当局协调，因此他们才对我采取行动。"

1918年5月，伯特兰被送到布列克顿监狱，编号是2917。起初是被安排在二等监狱，经过吉尔伯特、穆莱等人的抗议以及弗兰克的暗中打点，所以被转移到一等监房，这样他便可以从事于潜心研究或写作。

由于哥哥弗兰克的四处请托，伯特兰在狱中的生活比其他人舒适，像住在医院一样。他拥有一间较大的监房，但需自付租金，他还可以雇请佣仆为他做饭及其他杂事。房间里布置得整洁舒适，有鲜花和足够的书籍可以阅读，因为他是政治犯，可以自由地从事于研究工作。唯一感到不便的是，监狱里禁止抽烟，他只好以巧克力来代替。

监狱规定，晚上八点熄灯，但伯特兰的房间可以延长到十点。他过着规律的生活，上午从事于哲学写作，下午则广泛地阅读，包括伏尔泰等人的作品，甚至游记、侦探小说等。他写了一本《数学哲学介绍》，这是《数学原理》的说明。同时，他又开始着手著作《心灵的分析》这本书。

总的来说，伯特兰对狱中的环境还算满意，他对狱友们很感兴趣，认为他们在道德上并不比外面的人差。监狱里有很多德国人，偶尔他们还会和伯特兰一起谈论一些他们都感兴趣的话题。

伯特兰每周可以同时接见三位亲友，因此必须事先有个妥善安排。

除了接见亲友外，伯特兰每周还可以寄一次信，但这不能使他满足。于是他想了一个办法，他把信件夹在书本里，托前来探望他的人带出去。可是接见时都有看守人在场，无法当面说明。他第一次这样做的时候，对奥托琳说："这本《伦敦数学团体会报》的内容非常有趣。"奥托琳当然懂得他的暗示，顺利地带了出去。

1918 年 9 月 18 日，伯特兰获得释放了，而战局也接近了尾声。当时大家都把希望寄托在威尔逊总统身上，但谁也没有想到战争会结束得如此快，大部分人心理上都还无法适应这突如其来的转变。

伯特兰在街头看到情绪高昂的群众，好像人们并没有从过去几年的恐怖中得到什么教训，仍然那么轻浮，一味地寻求欢乐，此情此景不由得让他心中升起一阵孤独感。

漂泊人生

何去何从

伯特兰出狱以后，在经济上产生了一些问题，当年他写《数学原理》时是靠从祖母那继承过来的钱生活，虽不算太富裕，但也过得去，可是近几年下来，也已经花得差不多了。

战争使伯特兰完全改变了，他不再是一个纯学术的人，有时他也写一些通俗的文章赖以谋生。1916 年他出版了《社会重建的原理》。

出狱以后的伯特兰，在哲学园地里只能独自前进。已经将近 50 岁的他，和艾丽斯尚未正式办妥离婚手续，在感情上又依赖着奥托琳。这些，使他烦闷不已。

1918 年年底，他又来到卡辛顿农庄，在那里获得了宁静。奥托琳比以前更活跃，更为光艳照人，农庄里除了一些艺术家、作家以及一些和平主义分子外，更吸引了许多希望在政界崭露头角的人物。伯特兰总是周旋于这些人之间，喜欢讨论学术性的问题，使她有些不满。

1919年1月，伯特兰又回到伦敦。3月间他和剑桥同事李特伍在路华斯500米外的地方租下了一个农庄，那里背山面海，风景极美，是消暑的好去处。伯特兰喜欢乡村生活，也欣赏惊涛拍岸、海鸥翱翔，傍晚时看夕阳西下，彩霞满天的绮丽景色。

在这段时间，伯特兰对桃拉·布莱克产生了兴趣。事情的经过是这样的：早在1916年，伯特兰的学生桃乐赛·伦姬安排了一次两天的徒步旅行，一共是四个人。除了桃乐赛和伯特兰以外，还有桃拉和一位法国青年尼可。就这样，在旅行中，伯特兰认识了桃拉。

那一年的夏天，桃拉成了路华斯农庄的常客，渐而成为他的情人。

愉快的夏季过去，伯特兰又回到他和艾伦合住的公寓。桃拉则前往巴黎研究17、18世纪时法国自由思想的开端。

1919年的圣诞节，伯特兰和桃拉在海牙会面。这一次他是特意去看韦根斯坦的。伯特兰十分器重这位年轻人，认为韦根斯坦热情、有深度。伯特兰说他具有一

演讲中的伯特兰·罗素

种除了摩尔以外无人可以比拟的纯洁。1914年大战爆发后，热爱祖国的韦根斯坦成为奥国的军官，起先他和伯特兰仍有书信往返，后来战况愈来愈激烈，也就失去了联络，直到1919年2月，才知道他是被俘而不是阵亡。他告诉伯特兰说，他在战壕里写了一本书，原稿没有遗失，希望伯特兰能对他的著作提一点意见。

伯特兰收到韦根斯坦寄来的稿件（后来以《逻辑哲学论文》为名出版）后，认为必须当面讨论才能充分了解书的内容，而见面的地点最好是一个中立国家，于是他们选择了荷兰的海牙。

伯特兰在海牙停留了一星期之久，两人逐行讨论。当时桃拉也从巴黎前往海牙，伯特兰和韦根斯坦研究《逻辑哲学论文》时，她就到图书馆去消磨时间。

早在伯特兰赴海牙以前，剑桥三一学院的教授们联名申请，要求当局聘请伯特兰返校执教，他们强调并不介意伯特兰在战时的政治态度，以及校董会的决定是对是错，他们的动机很单纯。由于签名人数占绝大多数，校董会难以拒绝，所以决定重聘伯特兰返校执教，自1920年7月1日起，担任逻辑与数学原理讲座，任期五年，并由校方供给膳宿。

李特伍把这个消息通知了伯特兰，使他陷入沉思。剑桥的情况已非昔比，他和奥托琳之间的事情，如果被人知道，固然对他极端不利，尤其他和桃拉的关系如果公开，工作一定不保，究竟如何自处，令他困扰万分。于是他写了封信给奥托琳，告诉她，他要尽快地和桃拉共同生活，生育子女。不过有些外在的因素困扰着他，那就是桃拉的家人，以及剑桥方面的态度。他在信中称赞桃拉的机智、仁慈、勇敢、聪明等优点，希望奥托琳能喜欢她。最后他强调，任何事情都不会影响他和奥托琳之间的友谊。

苏俄之行

伯特兰在第一次世界大战以后，从自由主义者转身成为社会主义者，因为他认为是资本主义导致了这次战争。不过，此时他所拥护的社会主义仍是"基尔特社会主义"（20世纪初发展于英国，主张在工会基础上成立专门的生产联合会）。

由于对苏维埃社会主义的盲目崇拜，使得一些"左倾"人士误以为国家社会主义才是真正的社会主义。苏俄政府丝毫没有削弱权力的迹象，而英国的社会主义者却认为苏俄的一切措施全是对的。马克思的"收归国有"理论，本是达到目的的手段而已，如今它却变成了目标。

伯特兰也和其他的社会主义者一样，对于苏俄的革命寄予热望，他曾对艾伦说过："在这可诅咒的世界上，唯有列宁和托洛斯基在点燃光明。……世界正逐渐充满希望，布尔什维克党人的成就，令人欣慰。"但是，当他亲身前往苏俄访问归来以后，就不再那么向往了。

1919 年年底，伯特兰接受三一学院复职的要求，并希望校方给予一年的休假，以便接受北京大学的邀请。但是后来，他因考虑到和艾丽斯正式离婚可能会引起争议，为了不使那些热情邀请他返校执教的好友们感到为难，干脆推辞掉了三一学院的聘约。

1920 年伯特兰差不多都是在旅行中度过的，工作是最佳的调剂良药。苏格兰的旅行演讲，因听众的热情使他深感愉快。随后又去巴黎住了几天，曾和罗曼·罗兰晤面。3月应邀到西班牙巴塞罗那的卡特兰大学演讲，题目是"心灵分析"。

自从俄国革命以后，伯特兰一直想亲自去看看那边的情形，但却苦无机缘。当他从西班牙回来后不久，机会终于来了。英国工党一个代表团准备访问苏俄，代表团同意伯特兰以非官方身份随同前往。可是苏俄当局却不好应付，不过幸运的是，最后苏俄政府还是同意了。

伯特兰和代表团的所有团员们一样，是怀着兴奋的心情而来的，当他们首次看到苏俄的国旗迎上前来时，不由得唱出国际歌。他们被迎往豪华的宾馆，那里保存着沙皇时代的各种奢侈品，他们的餐点和菜肴极为精美，喝最好的咖啡，抽上等的雪茄，卧室的豪华程度不亚于宫殿。

代表团乘坐的专车，饰以彩色标语，鲜艳夺目。乐队演奏共产国际歌，每当重要客人来访时，即是如此。

伯特兰拜访了高尔基，也见到了托洛斯基。当时托洛斯基从波兰前线回来，一副胜利者的姿态，他邀请伯特兰等人在莫斯科欣赏歌剧。

由于伯特兰不是官方的代表，因此可以独自到街头或乡间去跟一般的平民接触。他看到疲惫的妇女们在面包店前面大排长龙，等候领取黑面包；他也碰到一些曾在德国当过战犯的俄国人，他们之间以德语交谈，使他对苏俄有了更多的了解。

伯特兰和其他所有的团员们，都对一般俄国平民的穷困感到惊讶。史诺顿太太回忆说："我们代表团所穿的衣服全是些老式服装，但俄国人却认为我们的打扮像贵族一般，他们流露出艳羡的眼神，欣赏我们的服饰，并小心翼翼地抚摸它们。"

5月中旬的一天，他们抵达圣彼得堡，伯特兰描述说："从远处眺望，景色甚美。早餐后去产业工会，那儿过去是个贵族女校，我们乘坐汽车出城驶往海滨。整座城市如同死城，商店关闭，很多大房子没人住，马路上全是窟窿，除了军车外没有别的车辆。到了晚间，情况就不同了，钢铁工会设宴招待我们，载歌载舞，热闹非凡。"

第二天，伯特兰见到几位哲学会的人，他在自传里描述说："来了四个衣衫褴褛、胡须没刮、指甲肮脏、头发散乱的人，他们是俄国最杰出的诗人。"

圣彼得堡的数学协会同样糟糕，伯特兰曾去参加他们的聚会，有位先生宣读一篇非欧几里得几何学报告，除非他把式子写在黑板上，否则伯特兰根本不了解他在讲些什么。后来总算看到他写下来了，还好没错，因而推想他的那份报告也还可以。

伯特兰在莫斯科时，曾被安排在克里姆林宫和列宁会晤，谈了将近一小时，他们以英语交谈。

事后，伯特兰描述他对列宁的印象是：他和托洛斯基是完全相反的典型，从外表看来，不像是个握有权力的人。跟他谈话时，他总是凝神倾听，眯着眼睛注视着对方。他经常面带笑容，起先是友善而高兴，但逐渐地会让人体会出冷酷的味道。

此次苏俄之行可以说是"乘兴而去，败兴而归"。伯特兰怀着痛苦失望的心情，离开这个使他一度存有幻想的国家。

当时由于封锁的关系，他们在俄国期间不能跟外界有书信及电报的联系。伯特兰抵达雷威后，马上发一通电报给桃拉，但未接到回音。他到斯德哥尔摩时再打电报给巴黎的朋友探听她的行踪，据说她已去斯德哥尔摩，伯特兰心想，也许她是特地来接他的。就在他等待的时候，有个芬兰人告诉伯特兰说，桃拉已到苏俄去了。伯特兰无奈，只好回英国，准备好好休养一下疲惫的身心，因为在苏俄所受的痛苦、不安和惊恐，实在不是他短时间内所能消除的。

大部分的团员对这次苏俄之行感到失望，可是他们一旦回到英国本土，面对一些渴望听到赞美之词的工人团体给予热烈的欢迎时，一是被那种场面冲昏了头，二是对此次的许多细节记忆模糊，因此报道出来的事实，似乎愈来愈完美。

只有史诺顿太太在一篇报告中写道："苏俄根本没有称得上社会主义的东西存在，一般人的生活显得可怜，他们正在忍受痛苦和不幸。"

赴中国讲学

伯特兰是 1920 年 6 月底返回伦敦的。他一回到寓所，立刻忙着拆阅一大堆的函件。其中有一封是来自中国的"中国讲学会"，该会每年都邀请一位外国著名的学者去中国讲学，为期一年。一年以前，该会曾邀请美国的约翰·杜威去讲学。

伯特兰对于"中国讲学会"的邀请，原则上是同意，但是他希望桃拉能和他一起去。问题在于如何在封锁的情况下和桃拉取得联系，幸好教友会有位名叫阿瑟·瓦兹的会员，他经常要到苏俄去联络有关教友会的救济事宜，经由他的协助，总算跟桃拉联络上了。

从8月8日桃拉回来，到他们出发只有短短五天的时间。除了购置衣物、办护照以及向亲友道别外，还有两件事必须办妥：一是向三一学院请假一年；二是希望在中国讲学期间获准与艾丽斯离婚，他花了几个晚上为这件事奔波，他得把一切有利证据交给律师。

桃拉以她高明的技巧使她的父母都到维多利亚车站来送行，好像伯特兰已经是他们的女婿似的。

他们本来准备从法国马赛港乘坐一艘名叫"波托斯"的法国船前往中国，但后来忽然接到通知，说该船出现了传染病例，必须延后三周才能开航。伯特兰为了避免与亲友做第二次道别，决定到法国去等船。

1920年9月初，伯特兰携同桃拉乘上开往中国的船从马赛港起航，全部行程将近一个半月。

10月下旬，英国驻北京的代表向国内请示说，伯特兰偕同一位布莱克小姐抵达上海，据说他们在途中曾有反英及亲布尔什维克的言论。英国外交部研究的结果是，询问中国方面的态度，希望中国政府如果发现伯特兰有颠覆行动时，迅速通知他们，以便采取行动。中国政府拒绝这样做，但几星期后，情报当局却把伯特兰列为"可疑人物"，理由是伯特兰在长沙演讲有关社会主义的论题。

伯特兰到达中国的第一站——上海时，竟然没人来接他，使他怀疑是否有人在开玩笑。还好，不久接待人员来了，官方指定的翻译人员是赵元任，刚从美国留学回来，年轻、英语流利，当时正执教于清华大学。

他们在上海停留三天，会见了很多学术界人士，除了绝大多数是中国人以外，也有欧洲人、日本人和韩国人。他们之间多半没有来往，在接待的大厅里，被分别安置在不同的桌子上，伯特兰忙碌地周旋其间。

孙中山先生准备设宴招待他，遗憾的是，预定的日期正好是在伯特兰离开以后，伯特兰只好婉谢。不久，孙先生就到广州去了，由于伯特兰无法到广州，所以从未晤面，这件事一直使伯特兰感到遗憾。

伯特兰和桃拉接着到杭州游玩了三天。伯特兰对西湖风景赞不绝口，他认为那种古代文明之美，远超过意大利。

他们离开杭州后就又回上海，乘火车去南京，再从南京乘船到汉口，又从汉口坐火车去往长沙。

伯特兰和桃拉经过多天的旅途劳顿，当他们抵达长沙时已经筋疲力尽，希望好好休息一下，并尽快地赶往北平。湖南省长诚意地请他们在长沙停留一周，并排定了演讲日程，伯特兰只肯停留二十四小时。为了答谢他们的盛情，在短短二十四小时内，他发表了四次演讲。省长设宴招待，也就是在这次宴席上，伯特兰初次和杜威晤面。几个月后，伯特兰在北平患病，杜威曾尽了最大努力帮他。

离开长沙后，伯特兰乘坐火车去北平。赵元任为他安排了令人满意的住处，那是一幢四合院的平房，有一个略懂英语的男童、一个男厨师和一个人力车夫。伯特兰在北平的前一段时间十分愉快，这座城市有想象不到的美丽，工作也不乏味，他把一切的烦恼都抛诸脑后了。

伯特兰在中国住下来以后，他突然感觉到自己正热心崇拜着中国的文化。他对于一些中国朋友喜欢购置西式家具和崇拜西方思想，大惑不解，因为他十分欣赏中国古老的东西，他选购家具时，都喜欢买中国式的。

他的课排得很紧凑，在北平要举行五次正式讲学，包括数学逻辑、物质的分析、心灵的分析、哲学问题和社会结构，此外还有高年级的研究课程。学生们都是有为的青年，直率聪明，求知欲极强。他们急于多多了解这个世界，从而摆脱旧传统的束缚。

桃拉常被邀请到女子师范学院去演讲。她们提出各种的问题，例如婚姻、自由恋爱等，桃拉都坦率地一一作答。

伯特兰和桃拉也曾邀请一些学生到家里聚会，起先女孩子们都显得很拘谨，躲在另一个房间里，必须把她们请出来并鼓励她们和男孩子坐在一起，几次以后，她们也就习惯了，不再那么不安了。

邀请伯特兰前来讲学的北京大学，是中国的著名学府，校长和副校长热衷于建立一个现代化的中国。学校的经济情况有时候会出现困难，在那儿从事教书工作，完全是出自爱心。学生们都有强烈的求知欲，他们吸收了教授传授的知识，准备为国家奉献一切，他们热切希望国家觉醒。

当年的西方国家对中国未予丝毫重视，伯特兰却认为在未来世界的政治舞台上，中国将扮演极重要的角色。他深深地了解当时中国所面临的危机。他认为中国如要避免外国的侵略，唯一的途径就是激发起民众的爱国心及扩增自身的武力。

概括说来，伯特兰对中国文化极具好感。他认为中国是一个艺术家的国度，具有艺术家所希望的优点和缺点，他承认从中国学到的东西，比从他自己的国家所学到的更多。他喜爱中国和中国人，但他对中国人一味力求西化，发出慨叹，他曾忧伤地预言说："东西方唯一的不同点是，前者将比后者更为西方化。"

至于中国人对伯特兰的感想如何呢？伯特兰身为英国贵族，但他却毫不容情地批评英国帝国主义作风。中国人首次发现这位外国人，甚至还是英国的贵族，竟能以中国人的角度考虑中国的问题。当年的北京大学曾出版一份《罗素》季刊，用以阐述伯特兰的思想、见解，这正显出知识分子对他的崇敬。国父孙中山先生也曾说过，伯特兰是唯一了解中国的英国人。

1921年3月，北平还是很冷，他患了支气管炎，他并未放在心上，3月14日他被邀到保定去演讲，别人穿了大衣还在发抖，他却一如往昔，没有穿大衣就站在台上演讲。演讲完以后，突然全身发抖，准备马上回北平，却不料车子在途中发生故障，先是轮胎爆裂，等轮胎修好，引擎又熄火了，罗素已呈半昏迷状态。大伙儿把车子推上一个小山坡让它自动滑下，总算将引擎发动了，当车子抵达北平时，城门已经关了，又差不多经过一小时的电话联络，才把城门打开。

桃拉立刻把他送进一家德国医院，由德籍医师迪普负责诊断，确诊为急性肺炎。高烧不退，情况十分严重。白天由桃拉照料，晚间则由护士看护。病况严重到随时都有生命危险。

伯特兰偶尔清醒的时候，还会跟医生或桃拉开开玩笑，幽默一番。有位医生说他只有衰弱得不能说话时，才像是一位真正的哲学家，因为每当他清醒过来，总不免要笑骂一番。

当他度过危险期进入康复阶段躺在病床上休养时，获悉桃拉已怀有身孕，这使他倍感欣喜。

其实，他在康复期间，不仅身体虚弱，而且还有一些例如心脏、肾脏、静脉等方面的小毛病纠缠着他，不过由于心情愉快，他把这些都看得无关紧要了。

最令他焦躁难耐的是，由于并发的静脉炎，必须静静地仰卧一个半月之久。医生说除此以外没有别的办法。伯特兰预定回国时要前往日本做一次讲学旅行，桃拉必须赶快回国等待分娩，这些事都不能耽误，如此一来，只好把去日本的行程缩短了。

往日本

1921年7月初，身体依然虚弱的伯特兰总算可以拄着拐杖步行，他准备启程前往日本。临行前伯特兰和桃拉举行了最后一次演讲。7月7日，中国友人为他举行欢送会，他们知道英国人喜欢饮茶，所以特地订制了一套银质双柄杯，并刻上他的名字。

船抵达神户时，出现了一幕景象，码头上聚集了大批群众，有人扛着旗帜，有人手举标语牌，伯特兰站在甲板上眺望，看得懂日文的人告诉他说，有些标语牌写着欢迎伯特兰的字样。后来才知道，当地的造船厂正在罢工，除非是欢迎外国的名人，否则不准群众聚集在一起，他们就利用这次机会举行了一次示威游行。他们的领导人是位基督教的和平主义者，他曾带伯特兰去参加他们的聚会，并邀请其发表演讲。

伯特兰登岸后，首先去拜访《日本新闻》的总编辑劳勃·杨，因为他在元月间曾致函伯特兰，邀他访问日本。他是个有趣的人，在英国住了很久，19世纪80年代才离开，他当年创业是从仅靠当排字工人省下来的几英镑开始的，如今已经有很不错的成就了。他带着伯特兰到古色古香、独具日本风情的奈良去玩，并把伯特兰介绍给另一位杂志负责人，以后的行程就由这位先生做向导。在京都和东京有很多教授来访问，警方亦派出警探紧随不舍，新闻记者的镁光灯更是闪个不停。

伯特兰从京都到横滨差不多花了十小时，抵达横滨时天色已黑。在横滨，伯特兰和桃拉乘上加拿大的"亚洲皇后号"出发，这一段海上航行生活又是另一种气氛。桃拉怀有身孕，虽然一般人还看不出来，却瞒不过船上医生的眼睛，因此消息就传遍了全船，所有的乘客都不跟他们谈话，伯特兰他们也难得享受了清静。

1921年8月27日，伯特兰乘坐的船抵达利物浦，桃拉的母亲在码头迎接，每个人的心头都感到轻松，伯特兰·罗素和桃拉尤其如此。

中国近代诗人徐志摩于1920年在美国哥伦比亚大学修毕硕士课程，他对伯特兰仰慕已久，很想师从于他，于是离美赴英。没想到当他抵英时获悉伯特兰已经前往中国讲学去了，只好在伦敦大学政治经济学院就读。1921 年 9 月，听说伯特兰已经返回英伦，于是写了一封信打算去拜见。

徐志摩自结识了伯特兰以后，与其来往甚密，每次他的演讲会，徐志摩必定前往，也常常到伯特兰家中做客。后来，伯特兰的长子约翰出生，由于是晚年得子，值得庆贺，徐志摩便在剑桥组织了一批中国同学，依照中国的传统，在孩子满月的那天，准备了红鸡蛋和寿面，宴请伯特兰夫妇，这给他们留下极为深刻的印象。

再婚

1921 年 9 月 21 日，伯特兰与艾丽斯正式离婚，9 月 27 日和桃拉走入了婚姻的殿堂。弗兰克也参加了婚礼，致辞时并未提及新娘，却对自己在婚姻上遭遇的困难谈了不少。

再婚之后，他们急需解决的便是住处问题。当时伯特兰的处境是，由于他是个社会主义者、无神论者，因此在右派政治阵营中树敌不少。而他从苏俄回来以后，又到处宣扬俄国的缺点，并撰文批评，使得英国的左派人士极为愤怒。这时候的伯特兰，在政治上和道德上都受到非议，成为不受欢迎的人物，他想在伦敦定居，可是房主们都不愿把房子租给他。

伯特兰到处碰壁，只好在伦敦的桥西区雪特涅街 31 号买了一幢房子。他用从中国带回来一些中式家具和地毯，将新居布置得充满了东方情调。

1921 年 11 月 11 日，伯特兰盼望已久的继承人，他的长子约翰出生了。伯特兰认为久居伦敦，对孩子来说影响不太好，于是第二年春天又在康威尔买下了一栋房子。直到 1927 年，他们分别在伦敦和康威尔两地居住。

伯特兰从中国回来以后，主要是靠写作维生。除了哲学方面的工作，他也写一些通俗的文章，他替好多本著作写过序言。他曾自嘲说："我的文章按字计酬，所以我尽量使用字母最少的字。"他的那些通俗作品都很杰出，论其影响力，不仅不亚于他在哲学方面的专门著作，而且还更为广泛和深远。

伯特兰从苏俄归来，写了一本《布尔什维克主义的理论与实际》。这次从中国回来，他又写了一本《中国问题》。他认为中国之行有丰富的题材，他在这本书里观察中国的历史，也谈到西方列强对中国的态度，然后再谈中西文化的不同以及中国教育与工业的前途等，是一本极具价值的著作。

1923 年，女儿凯蒂出生后，伯特兰又和桃拉合作写了一本《工业文明的展望》，这是他在去中国的旅途中构思的，在北平时已写了一半，最终得以完成。

伯特兰一家人每年有六个月的时间是在康威尔度过的。

那儿风景极美，他曾描写道：这里有云雀、鹧鸪，终日鸣唱不停，海鸥翱翔在海边的岩石上空，白云朵朵，帆影片片。晚上听海涛拍岸，尘俗之念尽消。岩山边开满野蔷薇等各种野花，孩子们玩沙、爬岩山、戏水，看他们快乐无比的样子，这段日子必将留给他们美好的回忆。

伯特兰的二次婚姻似乎很成功。他的嫂嫂伊丽莎白写道：在桥西区的家里，我见到了他的两个小淘气和孩子的母亲，摇篮里堆满孩子的衣物，她像是个好妻子，伯特兰神情愉悦，看起来很幸福。"

赴美讲学

《中国问题》和《工业文明的展望》这两本书，并没有为他赚来很多钱。因此他在 1924 年以前，经济情况一直不怎么好。这时候，他想起到美国去旅行讲学。他曾于 1924 年、1927 年、1929 年、1931 年等多次在美国做巡回演说。

美国人对演讲有所偏好，例如某一位名人或作家，他的著述不一定人人都读，但如果他们发表演讲的话，听众们则满心热情。这种情形，在英国恰好相反，演讲也可能受到欢迎，但该作家的著作，必定人人爱读。

至于犹太人在美国的成就，令伯特兰感到很惊讶，在政治、经济、文化、艺术等方面，犹太人的表现都很杰出。

伯特兰以他睿智的头脑，敏锐的观察力，预测未来的世界将进入两个列强对立的时代，一个是奉行社会主义的苏俄，另一个是奉行自由主义的美国，一旦这两个思想体系敌对的国家发生冲突，将带来一场难以想象的战争，这场战争将为人类带来无法估计的损失。

在美国旅行期间，伯特兰曾和一些"左倾"人士公开辩论"布尔什维克主义与西方"的问题，同时也曾在纽约青年联合会演讲"如何获得自由与快乐"。

1925年，他回到英国后，在母校三一学院的"泰纳讲座"主讲《物质的分析》。

从1926年至1933年间，他的经济状况就开始好转了。1925年《数学原理》出版，1927年《物质的分析》也出版了，这是和《心灵的分析》互相对照的一本书。尤其是1929年的《婚姻与道德》及1930年的《幸福之路》的两本书，为他带来不少财富。

创办小学

　　早在第一次世界大战以前，伯特兰就很关心教育问题，1915年他撰写的《社会重建的原理》一书中，就有一章专门讨论教育问题。他相信坚守某种教条，必会引发战争；儿童的天性如果趋于偏执，奔放的人生观就会受到拘束，禁止的事物越多，越容易阻止其新观念的成长。伯特兰认为战争是愚昧行为，智者所不取，但一些公立学校却实施愚民政策，使人们乐于参与其间。他的结论是，战争之所以发生乃是基于某些人的疯狂及破坏的冲动，这种人自幼未曾被好好地教育过，才会使这种冲动潜在于不知不觉中。

　　伯特兰的两个孩子约翰和凯蒂都在成长，有关他俩的教育问题，成为当务之急。伯特兰夫妇反对公立学校，不愿把孩子们送去就读，在这种情况下，他们准备创办一所小学，让自己的孩子不囿于传统社会的偏见，让他们自行思索、研究，以便适应长大后所面临的社会。

　　1927年伯特兰夫妇开始积极着手筹备建校。首先是校舍问题，伯特兰看中他哥哥位于南坡的电报别墅。那幢房子是英王乔治三世时的电讯站，原来很小，是弗兰克后来慢慢扩建的，房子的建筑似乎并不好看，但地点很好，而且东、南、西三方面的视野都很开阔，不但可以从塞沙士威特一直看到莱山，还可眺望到卫特的岛屿和行驶中的轮船，风景极美。

弗兰克原本不愿出售这个地方，不过由于他做了十分不智的投机生意，赔了不少钱，几乎濒临破产边缘，迫于无奈，只好同意出售。伯特兰以相当高昂的价格把它买了下来，培肯山小学就在此成立了。

这座房子的周围荒芜，一切都需自给自足，他们必须雇用厨师、管家、保姆及女佣等照料管理；另外再雇用两个司机以便对外接送，或是带学生们出外旅行。

学校建成后，却遭遇到了无法预料的难题。其中最大的难题便是经费不足。

幸好美国方面又再度发出邀请，旅行演讲的报酬，弥补了部分经费之不足。

培肯山小学招收的学生，很多是来自不幸的家庭，有的是父母离异，有的是私生子。总之，在一般的情况下，家长们大都愿意把孩子送到正规的学校去，因此培肯山小学招收的就以问题儿童为主了，但伯特兰对这些顽劣儿童却不主张施行体罚，他说："每挨打一次，他们在感情上就会激起一阵痛苦而复杂的骚动。"

伯特兰在办学期间，为了筹集款项以弥补学校经费的不足，曾三度赴美旅行讲学，而这段时间，他的著作也较多。他承认这段时间的写作完全是为了赚钱。

后来，由于《心灵的分析》和《物质的分析》的问世，以及其他的哲学论文和著作，使他的声誉得以巩固。

第三次婚姻

由于伯特兰经常赴美讲学，桃拉有了外遇。那位男子是美国的新闻记者葛里芬·巴里。

桃拉此时聘请了一个牛津大学的女学生来做管家。这个女孩年轻漂亮而且能干，名叫玛佐丽·史本斯（后来改名为佩特丽亚，而一般朋友则喜欢称她为蓓蒂，约翰和凯蒂都很喜欢她，伯特兰对她的印象也很好。

1930年的圣诞节后，蓓蒂回牛津大学继续读书。这期间，伯特兰尽量避免和桃拉正面冲突，因为这对约翰和凯蒂来说不好，而且对学校也不利。夫妇间仍然维持表面上的和谐，令外人看不出有什么裂痕，显然他们彼此都付出了最大的容忍。

伯特兰和奥托琳之间，一直保持通信联系，他也把自己的私事向她请教。伯特兰决定要跟桃拉离婚，并摆脱培肯山小学的事务而和蓓蒂结合。

1932年夏天，伯特兰住在康福的一幢房子里，在那里，他写了一本书，名为《教育和社会秩序》，后来他把位于康福的房子给了桃拉。

为了经济上的自由，他回到电报别墅去告诉桃拉，要她搬到别的地方去。因为他每年要为电报别墅付出四百磅，以此作为弗兰克第二任太太的赡养费。此外家庭的开销也是一笔不小的负担。

1932年年底，伯特兰和桃拉同意签订分居书，学校由桃拉负责，约翰兄妹住在学校里。伯特兰则和蓓蒂在一起。

桃拉首先提出离婚诉愿，不过，一直拖到1935年年初，才正式生效。

培肯山小学由桃拉独自经营，居然奇迹般地支撑到20世纪40年代中期。

1934年，他准备去做旅行演讲，但是医生警告他说，由于长期的精神疲劳，必须绝对静养三个月，不能从事任何工作。后来虽然健康大有进步，但恢复得很慢。他自称完全正常，但缺少创造力，茫茫然不知道该做些什么才好。整整几个月，为了消遣，他研究一个正方体27条直线的问题。

这期间，他靠以前收入较丰时所存下来的钱生活。他决定写一本有关战争威胁日益增加的书，定名为《如何达成和平？》，他仍以第一次世界大战时所持立场阐述和平主义的主张，但有一例外，那就是如果成立了一个世界性的政府组织，就可以借武装力量去维护和平。至于大家担心的即将爆发的战争，他主张做个良知反战者。

但是伯特兰渐渐感到这种想法已不切实际，最初他还能勉强默许由德国皇帝统治其他国家，因为他认为，这总比爆发一场世界大战所带来的浩劫要好一些。可是希特勒统治下的德国却又另当别论了。纳粹的残忍、顽固和愚蠢十分可恨，使伯特兰倡导的和平主义，实行起来愈来愈感困难。

1935 年秋，伯特兰的健康大致已经恢复。第二年元月，伯特兰和蓓蒂·史本斯小姐正式结婚。婚后不久，他俩到西班牙去度蜜月，回来以后就住进电报别墅。当时桃拉已经搬离该处，并将培肯山小学迁往布伦福。

1937 年，伯特兰的幼子康拉德出生，使他欣慰异常。更令人高兴的是，电报别墅一直都想出售，但始终无人问津，就在康拉德出生后不久，突然有两个人出价想买下它，其中一个是波兰王子，另一个是英国商人。经过一番周折，最后那位英国商人买下了这栋别墅。

从牛津到纽约

1938年，伯特兰写了一本《权力论——一个新的社会分析》。书中分析论述即使是社会主义国家，也该有某种程度的自由，但是这种自由不是过去所讲的，而必须重新加以定义。他认为此一主题非常重要，希望能引起更多的注意。他从基本的假设上而非枝节上反驳马克思和古典经济学家。伯特兰认为社会原理的基本概念是权利而不是财富，所以，公平的社会应该尽量地使大家有平等的权利。

自从《权力论》完成以后，伯特兰的思想路线便又转到了理论的哲学上，1937年年底，牛津大学邀请他去讲学，他选择了"语言和事实"为题。早在他1918年被监禁的时候，就开始对有关"意义"的问题产生了兴趣，但过去他忽略了这些。

伯特兰在牛津大学讲学期间，曾在牛津附近的金林顿买了一幢房子，住了大约一年。他在那里未曾受到人们的尊敬。伯特兰在自传里说，只有一位牛津的女士去拜访过他们。后来在剑桥也是同样的情形。这使他意识到这些历史悠久的学术中心对他的态度。

就在这时，伯特兰在美国找到了一份安定的工作。1938 年 3 月，美国芝加哥大学的人类学系聘请伯特兰去做客座教授，期限是一年。伯特兰心中明白，实际上不可能只有一年，所以他做了充分的准备以便能够长期居留。

不过，爱子心切的伯特兰，又为即将与子女分离而深感烦恼。自从和桃拉离异后，约翰兄妹除了住校念书外，每逢假期就轮流到父母那儿去团聚。远隔重洋，不但不能常常见面，而且监护权问题也会随之产生。

1938 年 4 月 10 日，他写了一封信给奥托琳，这是他们自 1911 年在贝德福 44 号相识以后的第 1775 封信，不料发信后的第十天，奥托琳病逝，伯特兰为此难过不已，从此失去了一位可以倾诉心声的知心好友。

不久后，伯特兰把位于牛津附近金林顿的房子卖掉了，但一时又无处栖身，于是雇了一辆旅行大篷车到布洛克索的海边度过了将近半个月的流浪生活。那个地方经常下雨，他们一家五口（包括约翰、凯蒂及最小的康拉德在内）只好挤在一堆，蓓蒂为大家做饭。8 月底，约翰兄妹回到学校，伯特兰、蓓蒂和康拉德则启程赴美了。

到达美国后，伯特兰本来准备在芝加哥大学讲授"语言和事实"，但是当他听说美国人不喜欢课程是单音节的字，因此就把它改为了"口语与身体运动习惯的关系",但内容却没有改变。

伯特兰在此教学期间,有两件事令他困扰。第一是芝加哥的气候不适、环境杂乱,令人非常不舒服;其次是芝加哥大学的校长赫钦斯先生整天忙着编辑"一百本最佳书籍",而且他们之间在哲学上的见解不同,两人的关系越来越冷淡,只要聘约期满,一定不会续聘。

幸运的是,在聘约到期之前,伯特兰接到了加州大学为期三年的新聘约。

在他来美的同时,慕尼黑危机升到最高点,有人问他关于张伯伦准备跟希特勒会晤的意见,他先谈论欧洲情况,做了一番分析。他认为希特勒的势力无法抗拒,与其生灵涂炭、让无辜的人民死于毒气或炸弹,倒不如对德军欢迎。这种论调,招致了不少攻击。他在《如何达成和平》这本书中,竟建议波兰由德、俄瓜分,也许能使得德俄两国因而和解,他又说,即使德、俄开战,英国也可以维持中立。

1939年3月,当他们离开萧瑟凄清的芝加哥时,那儿仍然很寒冷,而加州却已是冬尽春来的好季节了。

当年的夏天,约翰和凯蒂利用假期到美国和他团聚。他们抵达后没过几天,第二次世界大战爆发了,伯特兰不让他们再回英国去,于是为他们办好移民手续,接着再为他们安排受教育的问题。约翰已经17岁,伯特兰把他送进了加州大学。凯蒂只有 15 岁，上大学还太早，但是由于 没有合适的学校，只好把她也送进了大学。

加州的气候以及环境虽然很好，但伯特兰对加州大学的一些作风不满意，学生中没有什么杰出的人才，而校长也很讨厌，如果教员言论过于奔放，就会被认为教得不好而被开除，各学院如有什么地方令他看不顺眼的，他就会横加干涉。

学年度快结束时，纽约市立学院聘他去任教，他希望马上离开加州大学，于是立刻写了一份辞呈，当辞呈递出不久，他获悉纽约的教席职位还未确定，为了稳妥起见，他又去见了加州大学校长，希望收回辞职书。校长向他表示，已经太迟了。

解聘事件

说起纽约学院，它本是一个市立的学术机构，在那儿就读的都是天主教徒及犹太人，而奖学金多半被犹太人获得，使得天主教徒非常愤怒，但教授们则努力争取学术自由，所以才会推荐伯特兰去任教。

不料，这却引起轩然大波。伯特兰已经忘记了十年前人们对《婚姻与道德》这本书的攻击，多年前反对伯特兰来美任教的曼宁主教这次撰文投报，指责和攻击伯特兰。杜威和怀特海曾为伯特兰提出辩护，认为纽约市教育局有权聘请任何人而无视于别人的反对。遗憾的是，他们为伯特兰提供的辩护效果不佳。

1940年3月30日，法院正式审理此一案件，法官名叫约翰·马基汉，是位天主教徒，审判的结果是解除聘约。

本来这是纳税人和纽约市政府之间的事，伯特兰可以提出答辩的，他请求将他列入被告的一方，但被法官所拒，所以伯特兰便没有了答辩的机会。

他已向加州大学辞职，纽约市立学院又不聘请他，这使他落入了经济上的窘境。现在的问题是，他受聘纽约学院后遭解聘的事，已经闹得全国皆知，听说原本打算聘任他的哈佛大学也受到了一定压力，好在哈佛校长及一些教授还能坚守立场，而怀特海这时候已是哈佛大学的荣誉教授，由他出面联合杜威、爱因斯坦等著名学者为他说情，终于使哈佛当局没有取消邀约。不过，哈佛是短期讲学，期满后能否续聘，殊不知晓。

正当伯特兰彷徨无计的时候，突然出现了转机。有一位富翁巴恩士博士，是发明弱蛋白银（一种防腐剂）的人，他在费城附近创设了一个"巴恩士基金会"。他对伯特兰的受人围攻深表愤慨，他的基金会的款项本是用在现代法国绘画上的，他自己也担任了一门美学原理的课程，他认为应该扩展到艺术的哲学方面，如果由伯特兰讲授这一课程是再恰当不过的，并且这一方面可以帮助伯特兰解除经济上的困境，另一方面也可提高自己的声望。他先把这个构想透露给杜威，杜威非常赞成，于是巴恩士博士立刻把基金会的详情以及聘请他讲座的意愿写信告诉了伯特兰，征询他的意见。伯特兰立即回信，表示愿意接受。不过，他希望聘约不是每年一次，而是为期五年的西方哲学研究课程，从 1941 年元月起生效，巴恩士也同意了。

巴恩士基金会

　　1940 年 6 月，伯特兰先在哈佛讲授"威廉·詹姆斯哲学"。同年年底，伯特兰携家眷前往费城，并租下了一个小农庄，那是一幢古老而美丽的房子，旁边有果园，环境极佳，这使他想起了英国乡村的景色。罗素通常是乘火车去巴恩士基金会，讲课的地方是一个现代法国绘画的画廊，那些裸体画像，跟传统哲学实在很不相称。

　　巴恩士这个人有点怪，在伯特兰和他签约以前，就曾有人警告过他，说巴恩士这个人容易对人厌倦，基于这个理由，伯特兰才坚持签订为期五年的长期合同。

　　伯特兰描述说："巴恩士的个性很怪，有条狗很得他的欢心，连他太太也很爱它。他知道黑人们得不到平等待遇，所以他平等对待他们，并常施恩惠给他们。他因发明弱蛋白银而致富，他将权力出让而把金钱投资于政府债券上。他变成了一位艺术鉴赏家，拥有一间令人赞赏的现代法国画画廊，他自己还担任了《美学原理》的课程。他乐于接受别人的奉承，但也爱和人吵架。"

原本伯特兰在这里可以从事于他所喜欢的哲学研究工作，经济上的窘境消失，也不受战争的威胁，他准备快快乐乐地安居下来，但是不久之后，他便和巴恩士产生了一些不愉快的事情，两人之间的矛盾也不断激化。

1942年年底，两人之间到了摊牌的程度。12月28日，伯特兰收到巴恩士的一封信，告诉他说，他的聘约到1943年1月1日为止，理由是伯特兰"违约"。

伯特兰的手里握有合同，他的律师认为他可以提出控诉要求补偿，但是在美国，这种要求补偿的法律程序需要耽搁很长的时间。果然，官司打下来的结果表明，直到他回到英国以后，才能拿到那补偿。

1943年年初，伯特兰为了节省开支，他们搬进了一处非常简陋的房子。

伯特兰在这种艰苦的环境下仍奋斗不懈。他著作的《西洋哲学史》的前半部分是历史文化，后面则以科学为主。有些评论家批评伯特兰写得不真实，对于某些事件故意加以强调渲染。伯特兰则认为，没有偏见的人写不出有趣味的历史书，唯有欺诈的人才会伴作没有偏见。

伯特兰撰写《西洋哲学史》的时候，布林·毛尔学院曾邀他去演讲，并慷慨地让他使用该学院的图书馆。后来普林斯顿大学也请他去做了关于数周的讲学，爱因斯坦执教于普林斯顿，他俩经常碰面并一起讨论问题。

这时候，伯特兰控告巴恩士的事获得胜诉，虽然两万元的补偿费尚未到手，但伯特兰却一心想回英国去。蓓蒂在暗中也出了一些力，她写信给哈迪，表达了伯特兰的意愿，哈迪把信交给三一学院院长乔治·特里维廉，院长曾在会议席上予以宣读，但未做决定。因为巴恩士在辞退伯特兰的同时，曾向三一学院的人游说，希望他们阻止该校再聘伯特兰回去执教。

伯特兰两年前在加州大学认识的一位和平主义小说家薇拉·勃力顿和她的哲学家丈夫乔治·卡德林前来访问，当乔治了解到伯特兰的处境和心情，回到英国以后，就竭力为他奔走。乔治的交友广泛，在牛津和剑桥都有很多熟人，他的游说，终于使伯特兰回国有了安身的地方。

重回祖国

　　伯特兰返英前的几个月是在普林斯顿度过的，他的长子约翰已经先回英国，加入了皇家海军，并开始学日文。凯蒂也找到一个教书的职位，可以自立了。

　　1944 年 5 月，离国已六年之久的伯特兰怀着兴奋而复杂的心情乘船回到了日日思念的祖国。他又回到了剑桥的三一学院，如今他是三一学院的名誉教授了。

　　他已是 72 岁的老人，不免流露出疲惫、衰老的神态，但思维仍然很清晰，内心充满智慧。

　　伯特兰回国之初，经济状况仍然拮据，三一学院把牛顿的房子暂借给他使用。直到巴恩士基金会的两万元补偿费寄来以后，他才有能力买一幢房子。

　　战争造成的破坏，使他感到哀伤，不过，经济情况却渐渐地好转，《西洋哲学史》在英、美两国竟然大为畅销，他也能够安心地在新居工作。

　　他在剑桥恢复了旧日的地位，拥有一间自己的房间，桌上唯一的相片是已故好友奥托琳。他在专心工作时，绝不容许别人打扰,他的小儿子康拉德说:"爸爸定的规矩十分神圣,我在八岁以前从不敢触犯它。每当我进去时，心头总是跳个不停，爸爸正在纸上写下许多数学符号，不知道有没有注意我进入他房间。"

伯特兰回到英国后不久，便受到了英国国家广播公司的欢迎。他的言论经由广播传送出去，由文字转为语言,聆听他言论的人由哲学界扩展至各阶层。

他经常在《智囊》节目中谈论各种问题，包括未来的文明、宗教问题以及对核子武器的辩论等，范围越来越广泛。

核武器的出现，使伯特兰忧心忡忡，他认为美、苏两国在未来的武器竞争上，都可能发展这种可怕的杀人武器，一旦爆发战争，将使人类遭受无法想象的浩劫。他回忆去年返国之初，国内正一窝蜂地赞扬斯大林统治下的苏俄。1945年第二次世界大战结束后，苏俄在东欧的作为，使他慨叹万分。

他的睿智和敏锐的观察力，使他的许多论点已经没有什么可令人怀疑了。他在上议院表示，无论是外交或内政上，他都全力支持政府。他希望美国在军备上占绝对的优势，能独自阻遏另一次战争的爆发。

他对美国在外交上的若干作为，略有微词。他认为美国人过分天真，由于缺乏经验而造成了许多错误，比起英国来，显得落后、无知得多。

尽管他很客观地评价美国，但仍免不了受到国内一些左派人士的攻击，抨击他善变，说他为了迎合舆论而放弃了自己的立场。莫斯科电台讥讽他为"披了哲学外衣的一匹狼"。

1946 年，他虽然已是 74 岁高龄的老人，但仍精神矍铄，还准备到欧洲旅行演讲。30 年前，他申请赴美讲学时，英国外交部曾多方为难，拒绝签证，如今却一反常态，催促成行。

1948 年 5 月，伯特兰在斯德哥尔摩对瑞典国会议员演讲国际局势，接着又到柏林面向军队演讲。同时，英国驻挪威大使也为他安排到挪威去演讲，当年 10 月，他在挪威的一次飞艇失事事故中，几乎丧生。

1948 年冬天，英国国家广播公司开辟"莱斯讲座"邀请他讲《权威与个人》，他在一系列的演讲中，充分支持工党政府对基本工业国有化的政策。

他认为"世界政府"的权力应该予以限制，只要能够消除战争即可，至于一个国家的政府，不妨把权力尽量交付给地方政府。大致说来，伯特兰的一贯主张是保护个人以对抗权威。

伯特兰和蓓蒂之间的感情，早在从美国回英以前，就逐渐冷淡。不过当初他漂泊在大西洋彼岸时，蓓蒂一直是他的秘书及保护者，她不但帮他收集资料，而且颇有技巧地替他挡驾他所不愿接见的人，使他能够安心工作而不受打扰，所以彼此之间仍能维持和谐。

1848年，伯特兰在挪威旅行演讲时，蓓蒂曾偕同康拉德前往相聚，两人发生矛盾后，蓓蒂随即带着康拉德先回伦敦了。伯特兰写信去解释，依然无效，他俩之间的裂痕，似乎已经无法弥补了。

1949年，英王乔治六世颁授英国的最高"荣誉勋章"给伯特兰。

澳大利亚巡回演讲

1950年，伯特兰应澳大利亚国际研究所之邀请，赴澳大利亚做巡回演讲。

他总是喜欢到未知的领域去冒险，渴望发现一些新事物。虽然已经是年近八十的老人，但豪情壮志仍未消减。

澳大利亚墨尔本的富商爱德华·狄亚逊，拿出一笔钱，设立了一个基金会，专门邀请各国的学者前往澳大利亚讲学，而实际负责安排访问日程的则是国际研究所。伯特兰以兴奋的心情，接受了邀请。

伯特兰在英国国内，曾一再地发表反苏言论，而澳大利亚的共产党最近又曾发生过几次示威运动，所以对于他的来访，澳大利亚政府特别考虑到安全问题，除了指派两位警员随时保护外，又增派一位外交部官员去迎候，并负责陪同他到各地去旅行。

1950年6月，伯特兰抵达澳大利亚时，机场上早就挤满了热情的群众和大批的新闻记者。由于多年来的历练，伯特兰已经能够在这种场合应付自如。

他在澳大利亚一共停留了两个多月，他每到一地，除了讲学及参加大学的讨论会外，还要广播或者为报刊写文章，日程排得极为紧凑。

这位不服老的老人，在他离开澳大利亚以前说了如下一段话："英法两国的文化仿佛显出一种倦怠感，人们在心理上总认为一切的事情都被以前的人专美于先，不论是文学、艺术、音乐还是绘画，再也赶不上古人的成就。……如果我可以再投胎一次的话，我宁可投胎到澳大利亚而不愿再做欧洲人。因为欧洲的光荣是过去，澳大利亚的希望在未来。活在过去往往令人沮丧、消沉、毫无生气，活在未来则充满了希望、憧憬、富有朝气。"

伯特兰的访澳之行，在许多学校参加过研讨会，大致说来，不算很成功，他因此行未能引起学术界的广泛争论而感到遗憾。

伯特兰对澳大利亚唯一不满的是，白人歧视土著以及有色人种。不能人人享受平等权利的事实，仍然普遍存在着。伯特兰认为，对于整个的澳大利亚，这种肤色歧视应该被纠正。

和平战士的晚年

最高荣誉

1950 年秋，伯特兰离开澳大利亚，途经新加坡、印度孟买时，都曾在当地发表过广播演说。回英国后仅仅休息了两三个星期，又接获美国一女子学院之邀请前去做短期讲学。

1950 年 10 月，伯特兰在女子学院讲学期间，哥伦比亚大学也发出邀请，希望他 11 月底前往哥大。

伯特兰前往纽约之前，特地到普林斯顿去和老友爱因斯坦叙旧，两人相晤甚欢。也就是在这时候，他获悉自己荣获当年的诺贝尔文学奖。

11 月初，伯特兰结束了在美国的旅行演讲，飞往瑞典接受颁奖。

诺贝尔奖的颁奖典礼是举世瞩目的盛事，伯特兰抵达瑞

罗素近照

典的斯德哥尔摩，立刻受到热烈欢迎，他周旋于学者、政要及众宾客之间，好在他已习惯于这种场面，倒也应付得来，只是略显疲乏而已。

颁奖典礼的另一个高潮是，获奖者领奖以后，即席发表演说。通常都是获奖人报告自己的工作成就及感想等，伯特兰·罗素却与众不同，他以"重要的政治愿望"为题，对人类和平发出呼吁，大意是美、苏两个意识形态不同的强国，都想以自己的意识形态战胜对方，因而发生冲突，尤其它们双方都能制造核武器及细菌弹，不管哪一方使用了它，都将使人类步向毁灭，因此，智慧超越一切动物的人类，为了自救，必须尽力设法消除祸患，造福人类。

英国国家广播公司的记者访问他，询问他是否倡议过对苏俄发动防御性的战争，他坦承确有其事。他认为一旦美、苏双方都拥有核武器，将为人类带来一场大灾难，他并非鼓吹战争，不过认为应对苏俄施加压力。

禁核运动

1952年年底，伯特兰和他第三任妻子蓓蒂离婚，同年12月15日，与美国的传记作家艾迪·芬琪结婚。

艾迪·芬琪是《布伦特传》的作者，早年也是艾丽斯和露西·唐纳莱的朋友，伯特兰是在 1925 年经由唐纳莱的介绍与她相识的。伯特兰数度去美讲学，都曾和她有过晤面。他们的感情日益深厚，终于步入婚姻。她出身于古老的新英格兰家庭，她的先人在 17 世纪时移民美国。她曾在布林·毛尔学院教过书，兴趣广泛。

他们结婚的这段时间，国际共管核武器的希望日益渺茫，而另一次大战危机有逐渐增加的趋势。伯特兰对苏俄的态度，似乎有退让的迹象，若干年后，人们把它归之于新婚夫人的影响，因为她是一位具有自由思想而且在文学上颇有成就的人，但也有人严厉地批评她说："这位布林·毛尔出身的女子，她对共产主义的认识，远不如与世隔绝的修女们对世界的了解。"

80 岁高龄的伯特兰，仍不停地写作，除了书评和论文外，偶尔也涉及哲学方面的著述。1951 年出版《科学对社会的影响》、1952 年出版《世界的新希望》及《美国对欧洲文化的影响》，现在他又有了新的兴趣——写小说，1953 年出版了一本名为《郊区的撒旦》的短篇小说集。

伯特兰的名气越来越大，反使他有点担忧起来，他觉得有些受尊敬的人原来不过是个无赖，他曾自嘲地说："我每天揽镜自照，看看是否已经出现无赖的嘴脸。"敬老尊贤被视为是理所当然的事，在许多方面，舆论促使人民改变了他们的看法，使得观点和见解跟伯特兰渐趋于一致。

伯特兰除了吃饭、睡觉以外，总是叼着一支烟斗。他说："别人告诉我，抽烟会缩短寿命，但是六十年来，我发现并非如此。相反地，它给了我不少乐趣。"

1954年，伯特兰和爱因斯坦在圣诞节发表广播宣言。这一年他为杂志及出版社撰写文件，也替大英研究院撰写文章，作品超过四十件，由此可见他的精力依然充沛。

1955年，满头银发，精神矍铄的伯特兰·罗素，站在伦敦卡司顿大厅答复两百多位记者提出的各种问题，镁光灯闪个不停，问题更是连续不断地提出，他站在那里一个多小时毫无倦容。接着他又在电视上宣读了那份宣言，通过无线电及报纸等大众传播工具，使他的理想变成声音和文字传送到世界各地，将和平信息告诉每一位爱好和平的人，赢得了普遍的崇敬。

伯特兰定居于普拉士彭林，他在那里度过了人生最后的时光。艾迪为他处理信件及其他工作，他则利用上午时间写作、散步。下午有时和艾迪驾车外出，或陪客人聊天、喝茶，然后又开始写作。晚间则看侦探小说，这是他一向的习惯，连出外旅行都不忘随身携带着侦探小说。

伯特兰的晚年，一直为禁核运动而努力，他的著述以及《罗素——爱因斯坦宣言》，使他成为禁核运动的中坚人物。

伯特兰继"宣言"之后的另一有力行动是，他分别致函美、苏两国领袖。副本抄送《新政治家》的主编马丁,请他予以刊登。马丁这些人起初以为这只是伯特兰的一种姿态,可没过多久,赫鲁晓夫居然回信了。两个月后,杜勒斯国务卿也代表艾森豪总统做了回复,这封回信发表以后,赫鲁晓夫便对杜勒斯所提的重点再做一次答复。

1958年春天,伯特兰致力于禁核运动,他到各地去演讲、广播并撰写文章,他的文章不仅限于国内的通俗报刊及专门性的杂志,也在国外各报刊登。他也为别人的著作写序言,又在报刊上介绍自己即将出版的三本书:《常识与核子战争》、《我的哲学发展》及《西方的智慧》。

不久,伯特兰前往巴黎,接受联合国教科文组织的克林加奖。1960年,接受丹麦所颁发的宋宁奖。前者是基于他撰写的通俗科学作品;后者是基于他有关促进欧洲文化方面的著作。

百人委员会

1960年7月,有位名叫舒恩曼的年轻人写了一封信给伯特兰。舒恩曼是美国人,曾在普林斯顿攻读哲学,当时在伦敦经济学院做研究生,1958年参加禁核运动,虽是一个激进派,但不满意该运动的成效,他希望展开大规模的示威行动，以便引起更多人的注意，从而收到更大的效果。伯特兰邀他来见面，会谈之后，这位美国青年给伯兰特留下了深刻的印象。8月，伯特兰和舒恩曼及司图特牧师（反核运动的热心人士）多次晤面商谈，9月便宣称一个新组织"和平抵抗反核百人委员会"诞生了。伯特兰分别写信给可能参加的一百人，宣称若非以戏剧性的行动表达出来，单靠广播、电视及报纸、杂志等是无法将此种理念传给社会大众的。

10月，伯特兰辞去禁核运动主席一职，第二天，新的组织"百人委员会"正式成立。这一新组织在年轻而积极的人士中激起了一股无比热情的冲力。当这个新组织举行静坐抗议时，有许多禁核运动的人也愿意与伯特兰共坐。

"百人委员会"的成立，引起世人诸多的猜测，因为伯特兰承认这是舒恩曼的主意。几十年来，伯特兰一直是鼓励年轻人走他的道路，并予以启发、指导和帮助，但到头来却往往因意见不同而分道扬镳，像韦根斯坦、艾略特、劳伦斯等就是明显的例子，何以现在却听从舒恩曼的摆布？

事实上，他是位年轻的激进分子，对世界存在的邪恶面深感恐惧。他头脑敏锐、意志坚强。至于伯特兰，他已接近九十岁高龄，多半的时间，只能困居于北威尔士，舒恩曼走进他的生活圈后，先是充当他的秘书，又兼做他在伦敦的发言人，这种依赖共存的关系，使他俩的情谊日增，这是可以理解的。

"百人委员会"的第一次行动是 1961 年 2 月 18 日，为数六千人的群众团体有计划、有秩序地在一千名警察的监视下，在空军总部静坐两个多小时。

此外，伯特兰经常在集会中发表演说。夏天，他写了一本名为《人类有前途吗？》的书，这本书可以说是《常识与核战》的续集。

伯特兰预料美国政府不会长此容忍下去的。1961 年 8 月 6 日是"广岛日"，委员会在纪念碑前献上花圈，并在海德公园集会，伯特兰准备用扩音机演讲而被警察所阻，理由是违反海德公园的规定。9 月初，情势有了急剧的转变，伯特兰被控煽动民众和平反抗，必须于 9 月 12 日出庭受讯，百人委员会的另外 36 人也同样地被指控。

伯特兰回忆起 1918 年被判入狱的事，他认为这是政府的错误，将会引起相当的骚动。他不怕坐牢，不愿以罚钱取代服刑，但也不希望刑期太长，只要能够引起世人注意及产生轰动效应即可。

审讯的当天，伯特兰以被告的身份发表了简短演说："……假如真的爆发了一场核战争，双方都会以被毁灭告终而不会有什么胜利，谁愿意见到自己的家人、亲戚、朋友，以及广大的无辜人民受到屠杀？……基于人道及热爱国家，我们必须设法挽救我们的国家和世界。……我们的和平反抗是在不得已的情况下所采取的最后手段……"这是一篇精彩而感人的辩词。

当听到伯特兰被判两个月的徒刑时，法庭上的听众顿时开始喧哗起来。伯特兰的医生代表以健康为由，为他减刑为一周。这对伯特兰来说，政府的这项措施，反而会引起世人对禁核的关切和注意，等同于是替他做宣传。在国外，人们认为英国政府把一位90岁高龄而且受过殊荣的人物视为危险分子，简直不可思议而且荒唐。

伯特兰夫妇住进监狱医院，他每天看侦探小说以及他早就想读的《史铁尔夫人传》。9月18日，伯特兰获释出狱，就在他出狱的前一天，又有一次静坐示威。这场示威活动引起了一场冲突，警方逮捕了很多人，混乱中有很多旁观者受伤，电视记者将警察挥打群众的情形摄入镜头，成为最佳的宣传资料，这使得伯特兰回到住处后，收到不少支持者的来信，反而为他带来许多好处。

11月，舒恩曼也获释了，但他的护照即将届满，申请延期时，遭受拒绝。于是伯特兰正式聘他为秘书，内政部只好批准让他的护照延长，但声称不得有违法行动。

1962年，伯特兰90诞辰，世界各地的贺电像雪片般地飞来。朋友们在伦敦为他集会庆祝，并举行了一场音乐会。就在这一年，发生了"古巴危机"，自从四年前卡斯特罗取得政权后，在思想及经济上完全走苏联的路线，很多古巴人流亡到美国。一年以后,美国侦察到古巴建有核弹基地,对美国构成严重威胁。肯尼迪总统不容坐视,于是下通牒限令拆除,一时双方陷于极度紧张的局面,战争有一触即发之势。

美国宣布封锁古巴不久,肯尼迪总统邀请北大西洋公约组织成员国及拉丁美洲的各国大使在华盛顿开会,伯特兰在报纸上发表声明,大意是古巴有权选择自己的政府,美国方面应自我约束不要进攻古巴,而苏俄也不应以军火武器供应古巴,这样才能避免战争危机,消除对和平的威胁。

此外他分别发出五通电报,给肯尼迪总统、苏俄的赫鲁晓夫、联合国秘书长、英国首相麦克米伦和反对党领袖盖兹克,吁请他们谨慎从事。10月下旬,莫斯科电台播出赫鲁晓夫对伯特兰电报的答复。苏联人只知美国的态度强硬,毫无回旋余地,而伯特兰的电文正好可以拿来利用,一方面可以公开地表示前进,另一方面在必要时可以后退。伯特兰接到苏联的答复后,又再去电肯尼迪总统,肯尼迪复电说:“你该注意强盗,不应该注意捕捉强盗的人。”

10月26日,伯特兰发了一封长信给赫鲁晓夫,翌日又建议联合国秘书长以仲裁人身份去访问古巴。28日他向卡斯特罗做最后呼吁,请他基于人道主义而撤去导弹基地,同时也向赫鲁晓夫做此呼吁。24小时以后,苏俄方面终于宣称愿意撤除古巴的导弹基地,一场危机乃告解除。

有人批评伯特兰对这件事的态度不够公正，他似乎一开始就有责备肯尼迪的倾向。事实上，苏联人只尊重冷酷的事实，是不会因第三者的劝说而改变态度的。古巴危机过后，伯特兰说："我不以为自己在这千钧一发中挽救了危机，改变了世局。"不过，他的私人游说工作，对改变历史如果说毫无助益，那也是有失公允的。

和平基金会

世界局势在毁灭边缘上悬崖勒马，核战危机虽已清除，但伯特兰认为时势仍不乐观。越战爆发后，他认为美国对世界和平的威胁更甚于苏俄。他在八十岁生日时曾说过："如想幸福，必须有钱而且身体健康。在老年时要从事于一项非私人性的工作，以充实自己的生活。"基于这种心情，他首先辞去"百人委员会"的职务，接着积极地筹设一个基金会。主要的动机是，他自己的经济情况可以应付例行的开支，但不足以应付更大、更多的需要。过去他们只依赖大众传播工具给予宣传机会，遗憾的是，常常会歪曲事实。因此他希望自己拥有一些宣传媒介，例如电台、报纸、杂志等，这样才可以不受政府控制而收到宣传的效果。

若想实现这个计划，必须获得各界的支持与捐赠，他曾分别致函世界各地的名流，阐明自己的理想。

1963 年，"伯特兰·罗素和平基金会"正式成立，宗旨是"反对有组织的暴力与残酷"。赞助人包括印度的尼赫鲁、巴基斯坦的阿那罕，以及其他一些国际名流。

基金会设立不久，有些人向伯特兰提出建议，希望他开除舒恩曼。舒恩曼虽然备受批评，但伯特兰认为他的工作无人可以取代，因此没有采纳这些人的意见。舒恩曼仍然执行他的任务。

在中东的以阿纠纷中，伯特兰一开始便警告双方不得使用核武器，虽然当时只有以色列有核反应器，但这种忧虑并非绝无可能。

此外，伯特兰又以他的声望及特殊地位，向各国领袖游说，希望他们释放国内的政治犯，苏联、印尼、巴西、菲律宾、缅甸等都曾接到伯特兰的呼吁。伯特兰的努力，究竟有多大效果，是否是螳臂当车，不自量力？这倒也未必。例如，伯特兰曾向东德总理发出呼吁并退还数年前东德颁给他的勋章，终于使东德当局释放了汉兹·布兰德；玻利维亚及秘鲁政府也予以响应，释放了一批政治犯。大致说来，这个由哲学家扮演外交家角色的人，是很有成就的。

自从 1954 年以来，伯特兰一直为自己的理想而奋斗，他和爱因斯坦发表联合宣言，随后又组织"百人委员会"，其实以他的年龄和成就，早该功成身退了，却又在舒恩曼的鼓励下从事和平基金会的活动。他曾考虑将尚在印行中的数十本书籍的版权出售，但经过计算，扣除了版税后将所剩无几，只好打消这个念头。

1952 年，他写信给出版商翁文说："我的自传已告一段落，我不愿在生前出版，但又不知道该存放何处才安全，因为伦敦、纽约、华盛顿等城市，说不定会在核战争的威胁下遭到毁灭。"他本不愿在生前出版，但在舒恩曼的鼓励下，最终他改变了主意，想把它出版以便为基金会取得现金。经过一番周折，终于顺利地得以解决，准备付印了，但因原稿稍短了一些，出版商希望将一些信件附加进去，伯特兰同意了。同时又将内容延长十几年，全书也由两卷变为三卷。

1966 年，伯特兰·罗素创设了"国际战犯法庭"，该法庭已将和平基金会的钱几乎全部花光，《罗素自传》及出售文件的收入，才得以弥补。

安静地离去

伯特兰·罗素一向都很健康，他曾说过："我很少有生病的经验，想吃、想喝、想睡都是随心所欲，毫不勉强，我从不刻意地做些有益健康的事，其实我所做的都是有益于身心的事。"他烟瘾极大，已经抽了七十几年的烟斗，他曾向人表示，除非是一切停止才不抽烟。

1967年的圣诞节前，伯特兰得了肺炎，两周以后逐渐痊愈，但想完全康复，却已经很困难了。在他未生病以前，走路时就需拄着拐杖，上下台阶时总是两步一歇，毕竟是95岁高龄的老人了。艾迪一直小心地照顾着他。

伯特兰在世的最后几年，享受着宁静而淡泊的生活。他充分地享受人生，他常和邻居来往，有时会举行家庭宴会。每逢圣诞节，他总是喜欢穿着一件由中国友人赠送的丝质长袍。此时，他也还能够自行处理一些信件。

1969年，伯特兰97岁生日时，邻居彭恩夫妇送来一张十分美妙精致的大羊皮纸，周围缀满鲜花，签名的都是当代的著名人物。在罗素家的宴会上，包括康拉德夫妇及其幼子，另外还有一位捷克的数学家法兰兹·汉普。

这段时间，伯特兰和舒恩曼终因意见不合而分手。舒恩曼成了和平基金会的唯一主持人、战犯法庭的秘书长，他把自己视为伯特兰的发言人，伯特兰尊重他的才干，但内心里却对他愈来愈不满。

1969年7月9日，伯特兰终于表明了态度，先是撤回遗嘱中委托舒恩曼为执行人之一的决定，十天以后，正式声明与他脱离关系。

9月6日，和平基金会开会决定解除舒恩曼的委员身份。

12月8日，由伯特兰口述，艾迪书写，把九年来与舒恩曼第一次晤面直到现在的详细经过整理成一份备忘录，每页均有伯特兰的签名，本来准备在舒恩曼有所声明时才予以出版，结果它并未用来应付舒恩曼的反击。

伯特兰曾将副本寄了一份给迈可·史各特，史各特认为伯特兰必须给他自己适当的保护，后来在伯特兰死后，他把这份澄清伯特兰与舒恩曼之间关系的文件送交报社发表，并有一部分寄往美国。

1970年元月，他还能读《纽约时报》的大型周刊，1月31日，他叫人笔录一段话，准备三天后在开罗的国际会议上宣读。

第二次世界大战结束后，他始终为以色列的建国问题辩论，当以阿战争爆发以及阿拉伯国家于1948年入侵以色列后，他一直采取不偏不倚的立场，他认为双方各有各的理由，因此竭力主张和谈。

后来鉴于以色列空袭埃及，以及对待巴勒斯坦难民的行为，他对以色列深表不满而加以指责。他认为犹太人受尽纳粹政权的欺凌，但不应把痛苦加之于别人身上，这种行为不能原谅。

伯特兰仔细阅读完这份文稿，然后用颤抖的手签上自己的名字。这份文稿是伯特兰暮年时的重要文献，也曾受到一些批评，但这位择善固执的哲学家，凡是他认为错误的事就毫不留情地予以指责，他是不计后果的。

　　1970 年 2 月 2 日，伯特兰·罗素感到身体有些不适，于是躺下休息，就在平静中与世长辞了。